北京市一流专业建设系列成果

我国高科技企业主创业的
动态局部均衡
及模式分析

施慧洪 ◎ 著

中国财经出版传媒集团

经济科学出版社
Economic Science Press

图书在版编目（CIP）数据

我国高科技企业主创业的动态局部均衡及模式分析/施慧洪著．
—北京：经济科学出版社，2020.1
ISBN 978 - 7 - 5218 - 1272 - 5

Ⅰ.①我…　Ⅱ.①施…　Ⅲ.①高技术企业 - 创业 - 研究 -
中国　Ⅳ.①F279.244.4

中国版本图书馆 CIP 数据核字（2020）第 022199 号

责任编辑：申先菊　赵　悦
责任校对：刘　昕
版式设计：齐　杰
责任印制：邱　天

我国高科技企业主创业的动态局部均衡及模式分析
施慧洪　著
经济科学出版社出版、发行　新华书店经销
社址：北京市海淀区阜成路甲 28 号　邮编：100142
总编部电话：010 - 88191217　发行部电话：010 - 88191522
网址：www. esp. com. cn
电子邮件：esp@ esp. com. cn
天猫网店：经济科学出版社旗舰店
网址：http://jjkxcbs. tmall. com
固安华明印业有限公司印装
710×1000　16 开　14.25 印张　210000 字
2020 年 1 月第 1 版　2020 年 1 月第 1 次印刷
ISBN 978 - 7 - 5218 - 1272 - 5　定价：82.00 元
（图书出现印装问题，本社负责调换。电话：010 - 88191510）
（版权所有　侵权必究　打击盗版　举报热线：010 - 88191661
QQ：2242791300　营销中心电话：010 - 88191537
电子邮箱：dbts@ esp. com. cn）

致 谢

这部专著是在北京市自然科学基金项目《北京市高科技创业的动态局部均衡及模式分析》的研究成果基础上进行了三轮修改的成果。由于中美科技战，中美高科技创业的比较研究变得更加有意义。

首先，感谢上海财经大学杨金强教授和他的博士生母从明。模型处理的技术性很强，他们提供了必要的帮助。杨金强教授是我的学习榜样！

其次，感谢经济科学出版社的编辑们，为专著出版中图形的格式问题，我们多次调整，最终找到了合适的方法。

再次，感谢首都经济贸易大学金融学院和北京市教委的资助。金融学院近年来加入了很多新生力量，学院的科研事业取得长足进步！北京市一流学科建设项目的资助，则加速了这种进步。

最后，感谢首都经济贸易大学教务处，他们资助了重点项目"研究型教学中的师生科研合作模式研究"。

由于中美科技战的长期化，在本研究的基础上，一部高水平专著即将出版。

再次感谢！

总　序

　　波澜壮阔的改革开放改变了中国，也影响了世界。在改革开放 40 多年的伟大历程中，金融作为实体经济的血脉，实现了从大一统的计划金融体制到现代金融体系的"凤凰涅槃"。我国也初步建成了与国际先进标准接轨、与我国经济社会实际契合的中国特色社会主义金融发展路径。

　　经过 40 多年努力，我们不断改革完善金融服务实体经济的理论体系和实践路径：持续优化完善传统信贷市场，为服务实体企业改革发展持续注入金融活水；建立健全股票、债券等金融工具为代表的资本市场，畅通实体企业直接融资渠道，增强其可持续发展能力；推动低效产能有序退出市场、临时困难但前景良好的企业平稳渡过难关、优质企业科学稳健发展，鼎力支撑我国企业从无到有、从小到大、从弱到强，逐步从低端加工制造向高附加值迈进。

　　经过 40 多年努力，我们基本构建了以人民为中心的居民家庭金融服务模式。不仅借鉴西方现代金融实践，支持家庭部门熨平收入波动，实现跨期消费效用最大化；而且充分利用我国银行业分支机构延伸到乡镇、互联网全面覆盖到村落等良好基础设施，逐步实现基础金融服务不出村，促使我国普惠金融走在了世界前列；同时，积极构建与精准扶贫相配套的金融服务体系，发挥金融在扶贫攻坚中优化资源配置的杠杆作用，为人民实现美好生活提供金融动力。

经过 40 多年努力，我们探索了从国民经济循环流转大局增强金融和财政合力的有效方式。在改革开放的过程中，我们不断优化财政支持与金融服务的配套机制，运用金融工具缓解财政资金使用碎片化问题和解决财政资金跨期配置问题，增进财政政策促进经济结构调整和金融政策促进经济总量优化的协调性，持续提升国民经济宏观调控能力和水平，既避免金融抑制阻碍发展，又防止过度金融风险集聚。

2008 年，美国次贷危机引发的全球金融海啸引发了人们对金融理论和金融实践的深刻反思。金融理论是否滞后于金融实践，缺乏对金融实践有效的指引？金融实践是否已过度复杂化，致使金融风险难以识别、度量和分散？随着互联网、大数据、人工智能、区块链等技术的出现，科技发展在极大提高金融业服务之效的同时，也对传统金融业带来了冲击。金融业态正在发生重大变化，金融风险出现新的特征。在新的背景下，如何处理金融改革、发展、创新与风险监管的关系，如何守住不发生系统性金融风险的底线，已经成为世界性重大课题。在以习近平同志为核心的党中央坚强领导下，我国进入中国特色社会主义新时代。在这个伟大的时代，对上述方面进行理论创新和实践探索的任务非常艰巨，使命非常光荣。为完成这一伟大历史使命，需要建设好一流金融学科和金融专业，大规模培养高素质金融人才，形成能力素质和知识结构与时代要求相匹配的金融人才队伍，加强金融学科建设和金融人才培养正当其时。

欣闻首都经济贸易大学金融学成功入选北京市一流专业，正在组织出版"北京市一流专业建设系列成果"，这在打造高素质金融人才培养基地上迈出了重要步伐，将对我国金融学科和金融专业的建设起到积极的推动作用，为促进我国金融高质量发展并建成现代金融体系做出应有贡献，为实现伟大复兴中国梦提供有益助力。

尚福林

前　言

一、研究背景

1. 五百多年来的世界经济近现代发展史凸显：如果没有高科技创业，金融泡沫破裂就是国家衰败的开始

市场经济发展总是从一个经济泡沫破裂，走向下一个经济泡沫破裂。有的国家金融泡沫破裂后，从此一蹶不振；有的国家从一个泡沫走向下一个泡沫，国力不断增强。美国历史上的运河泡沫、铁路泡沫、IT泡沫、房地产泡沫等，金融泡沫从来就没有断过。现在美国经济发展已经进入了加息周期。高科技创业的技术源是否充足，金融支持是否充分，就业制度是否灵活，政策扶持是否重实效等，最终都会归结到：创业是否活跃，创业成功是否可复制、可持续。

2. 当前宏观背景下，我国的高科技创业更有紧迫性和必要性

当前我国经济长期向好，短期困难。经济发展处于"三期叠加"（增长速度换挡期、结构调整阵痛期、前期刺激政策消化期）的阶段，经济下行压力大。苏联崩溃的历史事实告诉我们：改革是有时间窗口的。错过时间窗口，积重难返，积弊难除。在这个背景下，高科技创业更有紧迫性。我国各项改革互相牵扯，必须谋划长期，综合布局、系统推进，且立刻

行动。

如果没有高科技创业，金融、教育、医疗、设计、艺术等的发展空间就会缩小。现代第三产业的硬核是高科技创业。

3. 紧迫而必要的高科技创业实践，需要理论指导。但是，创业研究千头万绪，参与学科众多，研究对象分散，研究方法成百上千

每年有几十万家甚至几百万家的高科技创业，创业主体多种多样，包括：①技术特长或专利拥有者创业。拥有专利的海外归国人才、高科技园区新高技术企业员工辞职创业，拥有一技之长的高校研究生或教师高科技创业，其他类型一技之长的人才的创业。②管理型人才创业。第三方支付多属于商业模式创新型的创业。易宝支付的创业者主动从市场寻找资本、技术人员、营销人才，后来做大做强了。他们尽量使用成熟型的技术，技术够用、好用就行，不需要多新。凭借商业模式方面的敏锐嗅觉，本地第三方支付打败了拥有技术优势的国外支付企业。③点子型人才创业。创业人员甚至没有管理才能，人才、资金、技术都要从市场寻找。

创业的决定因素包括个人、公司、地区、国家、制度与政策等层面的众多因素（Audretsch，Kayalar – Erdem，2005），这说明创业本质上就是一个复杂的问题。新的研究方向、研究方法、研究空间等被不断开拓出来，不同学科创业研究之间竞争与合作，不同创业研究观点之间分化与融合。创业机会、创业过程、创业环境、商业模式、商业计划书、创业融资、创业法律与伦理、新创企业成长与管理、创业的收获与继承、企业内创业、公司创业、创业新领域（女性创业、社会创业、特许经营创业、技术创业）、创业案例等主题皆得到了较快的发展。当然，创业研究通常只研究创业过程的一小部分问题，跨学科的方法很少应用（Shane，2003）。

创业研究与创新研究相比，与科学和技术研究相比，还处在婴儿阶段（Samyukta Bhupatiraju etc.，2012）。创业研究的权威人士（Audretsch，Kay-alar – Erdem，2005）提出建立整体研究方法的建议。

4. 本书试图进行有益的探索

动态局部均衡的研究方法是一种国际前沿的研究方法，这种研究方法

具有以下特点。

（1）它属于理论建模方法，与计量经济学等的实证方法明显不同。当前，国际上一流的经济学家使用实证研究的方法频率过高，通过理论建模可以开拓新的学术理论研究天地。

（2）它与实证方法互为补充。实证方法可以用来验证所创建模型的结果是否科学，模型参数是否合理。

（3）该方法是动态非线性的，优于静态研究和线性回归方法。该方法既考虑了变量随机运动的均值回归，也考虑了变量的波动性。该方法考虑结论成立的条件，时间不同，情况不同，结论也有所不同。

（4）该方法吸纳现有研究成果的能力较强。它将创业进入、创业退出、创业融资等主题同时纳入模型中，模型变量与参数之间的内在数量规律得到系统的考察，并且，应用心理学、管理学、经济学等学科的研究结论可以被模型参数或变量予以吸纳。

（5）通过模型将变量运动规律刻画出来，再考察参数值变化对变量的影响，从而实现小题精做，小题深做。而小题大做在本研究中体现为：在考察完视角微观但创业主体数量众多的创业活动之后，将部分变量和参数的内涵和外延投入中观和宏观层面，从而提升成果的应用经济价值。

总之，本书以我国高科技企业主创业动态局部均衡机制为研究对象，在吸纳现有国内外创业研究成果的基础上，深刻认识我国高科技个人创业的重要规律，最后提出促进创业和有利于企业运行的若干维度的建议，涵盖微观企业、中观行业与宏观政策三个层次，更加全面系统，贴近实用。

二、本书的研究意义

1. 本书研究内容新颖，研究方法独特

从内容上看，本书综合熊彼特经济学、资产定价、随机微积分、投资组合等理论，来分析创业运行机制，内容新颖；从方法上看，本书将微观分析、动态分析与局部均衡分析、宏观分析结合起来，研究方法独特。本书将西方的 q 投资理论引入市场摩擦因素，加上随机生产冲击和投资组合

市场回报冲击这两组冲击，对创业前后的企业价值、生产、消费、实业投资、金融投融资等变量进行分析；对边界和初值已知条件下的常微分方程组求解，以流动资本变量分别与企业价值、投资资本、资产组合投资、消费等变量的比值为自变量，以 EIS、异质风险、调整成本、清算回收率等为参数变量，绘出关键因变量曲线图，从而分析企业创业的运行机制。

2. 本书将国际前沿的研究方法运用于活跃的创业研究，沟通微观与宏观

早期的创业研究从心理学和社会学中吸取营养，目前由于全球经济发展的需要，正从经济学（含金融）、管理学、数学等学科吸收营养，发展势头迅猛。本书以跨学科研究的力度，兼顾理论前沿性与社会实用性，探索创业研究的新领域与新方法。尽管本书使用的模型变量和参数表面上看都是微观的，但是，由于模型中的这些参数（如风险厌恶、股票风险溢价、市场夏普比率、资本清算比率、生产率冲击均值、生产率冲击波动性等），深深地扎根于中国的经济土壤，与我国的宏观制度与政策联系紧密，据此可以分析经济制度，提出政策建议，从而沟通了微观分析与宏观分析。

3. 本书具有较好的实际应用价值

近年来，互联网创业正在塑造着信息时代的雏形，信息科技革命给大企业带来巨大挑战。小企业的颠覆式创新与创业，推动经济升级，提升中国经济竞争力。中央政府放松小微企业的工商登记，减少许可事项，取消企业年检等。这些政策转变的目的就在于激发民间的创新活力和创业动力。从存量上看，我国小微企业贡献了 80% 的就业，70% 的发明专利，60% 的 GDP，50% 的税收，即所谓的小微企业贡献的 "8765"。由于本书成果既适用于微观企业创业，也适用于宏观的创业国家支持机制与政策体系，所以经济价值不菲。

本书是结项项目北京市自然科学基金项目（项目编号：9154025）《北京市高科技企业主创业的动态局部均衡及模式分析》的科研成果，再加以适当修改形成的。

目　录

第一章

国内外研究现状及发展动态分析

早期"创业"的英文词汇并不统一。如表示创业企业的有 venture 和 set-up，表示创业者的有 entrepreneur，表示创业行为、创业活动的有 venturing 和 entrepreneurship，新创企业用 business venture，企业创业的活动可以称为 business venturing（其中 business 是指企业的意思）、corporate venturing 或者是 entrepreneurship。到 2000 年，已经统一到了 entrepreneurship。我们用 entrepreneurship 来搜索创业，是充分和必要的。

由于国外创业研究千头万绪，为了既把握文献概貌，又能紧扣细节，本章分四步进行国外创业研究文献综述，思路如图 1.1 所示。

图 1.1 国外创业研究文献综述思路

第一步是采用远观轮廓法；第二步进行创业研究国外文献的总体分析，与第一步任务不同，它从内涵上把握大体情况，内容包括创业研究领域的历史演化、创业研究的定量方法、创业研究的质性方法；第三步继续深化，内容包括综述文献、学术创业、制度与创业、区域创业、其他、创业支持、创业促进机制、创业扶持政策等；最后一步更加直接，是将本研究要用到的国外直接文献予以明示。这样通过层层剖析，国外创业文献就完整而深入地展现在我们面前。

第一节 创业研究国外文献（SSCI & SCI）统计分析

一、国内对国外特定主题创业文献的文献综述

2004 年以来的创业文献数量迅速暴增。国内期刊发表的国外创业文献综述包括：创业过程（林嵩，张帏，邱琼，2004）、前沿理论（朱仁宏，2005；葛宝山，2008）、创业学（熊飞，邱菀华，2006；刘沁玲，2008）、创业理论（林强，姜彦福，张健，2001；张健，姜颜福，林强，2005）、创业资本契约理论（胡海峰，2005）、学术组织创业（李华晶，邢晓东，2008）、创业投资双边道德风险（殷林森，胡文伟，2008）、创业意愿影响因素（李永强，白璇，毛雨，曾峥，2008）、创业问题（陆园园，张红娟，2009）、国外创业金融（薛永基，李健，葛文，2009）、创业投资（刘志阳，葛倩倩，2009）、中国情境下的创业研究（蔡莉，单标安，2013）、创业决策（张玉利，田新，王瑞，2011；郑秀芝，2011；郑秀芝，龙丹青，2012；杨俊，2014）、创业决策中创业者风险行为的影响因素（陈震红，董俊武，2007）、公司创业（张映红，2006）等方面。

我们的文献综述，所搜集文献的时间跨度更大，也更加全面。从 web of science 搜索得到的结果绝大部分论文都可以从电子文献相关外文全文数据库链接直接下载，不能下载的，我们也有对策，至少有三种办法可以获得全文：一是利用北京地区高校图书馆文献资源保障系统的"原文传递中心"功能；二是注册缴费具体杂志或数据库的个人会员，如 America Economic Review，我们缴费注册 AEA 个人会员，这种全文获取机制是本研究质量的重要保证；三是在百度或者谷歌搜索。

二、国外创业文献的统计分析

我们主要以 web of science 的检索结果来进行统计分析。

（一）2004 年以来，SCI & SSCI 以创业为标题的文献数量增长规律分析

自熊彼特 1928 年区分创业的四种形式以来，特别是美国次贷危机以来，创业研究文献的数量迅速暴增，如 2014 年比 2004 年增长了近 3 倍，如表 1.1 所示。2010 年是一个重要的节点，创业文献数量比 2008 年的论文数量增加了约 1 倍。创业被看作缓冲经济危机乃至走出经济危机的重要手段，被各国寄予重望。同样地，2003 年由于美国经济形势不好，2004 年以创业为标题的文献数量出现了井喷，翻了 4 倍。

表 1.1　　　　　　　　　创业文献年度总结

年份	文献数量
2018	806
2017	913
2016	901
2015	772
2014	608
2013	531
2012	512
2011	589
2010	545
2009	339
2008	279
2007	238
2006	225

续表

年份	文献数量
2005	193
2004	156
2003	44

资料来源：根据 Web of Science 搜索结果进行整理。

由于创业被学者乃至政府行政人员看作克服全球金融危机的希望，创业理论研究的重要性一下子被提升到一个史无前例的高度。2016 年以来，由于特朗普"美国优先"策略对国际自由贸易的干扰，创业研究的文献数量没有变化，甚至出现了下降。

（二）创业研究在 Web of Science 类别中的分布

以"创业"（entrepreneurship）为标题检索项的输入项，文献时间从 2004 年至 2018 年初，得到 7631 个记录。学科类别涉及商业、管理、经济学、地理学、环境、教育、计算机和社会学等内容，但主要集中在商业、管理、经济学、教育研究和社会科学跨学科等领域（见表 1.2）。国外的创业研究，一方面在寻求理论化、系统化，有迈向理论成熟的渴望，另一方面新的研究方法、新的主题、新研究人物不断涌现。

表 1.2　　　　　国外创业研究文献归类

类别	文献数量
商业（Business）	3020
管理（Management）	2900
经济学（Economics）	1540
教育研究（Educational Research）	998
社会科学跨学科（A Cross-disciplinary Study of Humanity Science）	557
环境研究（Environmental Studies）	297

类别	文献数量
区块城市规划（Regional Urban Planning）	278
发展研究（Development Studies）	275
运营研究管理科学（Operations Research Management Science）	209
教育科学学科（Education Scientific Disciplines）	203
地理学（Geography）	190
商业金融（Business Finance）	185
工程多学科（Engineering Multidisciplinary）	165
工程电气电子学（Engineering Electrical Electronic）	157
计算机科学跨学科应用（Computation Science Interdisciplinary Applications）	150
工程行业（Engineering Industrial）	143
公共管理（Public Administration）	137
计算机科学理论与方法（Computer Science Theory Methods）	135
社会学（Sociology）	131
计算机科学信息系统（Computer Science Information System）	111

资料来源：根据 web of science 搜索结果进行整理。

（三）创业研究的来源期刊分析一：按照发表创业论文数量多少排序后，较靠前的期刊

我们得到以下期刊顺序的列表（见表 1.3）。由于篇幅所限，进行了删减。

表 1.3　　　　　　　　　创业文献期刊来源分析

来源期刊名称	数量	备注	学科
《小企业经济学》（Small Business Economics）	223	国际 A	经济学
《创业和区域发展》（Entrepreneurship and Regional Development）	162	国际 A	商业/发展研究
《创业理论和实践》（Entrepreneurship Theory and Practice）	151	国际 A	商业
《国际创业与管理杂志》（International Entrepreneurship and Management Journal）	123	国际 B	商业和管理学

来源期刊名称	数量	备注	学科
《国际小企业杂志》（*International Small Business Journal*）	128	国际 A	商业和管理学
《企业创业杂志》（*Journal of Business Venturing*）	108	国际 A	商业
《小企业管理杂志》（*Journal of Small Business Management*）	74	国际 B	管理学
《战略创业杂志》（*Strategic Entrepreneurship Journal*）	65	国际 B	商业或管理学

资料来源：根据 web of science 搜索结果进行整理。

我们得出以下结论：①创业研究论文的发表期刊不少是国际权威期刊，但是在五年前，权威 B 期刊一个（*Journal of Management Studies*），A 类期刊一个（*Academy of Management Review*）。这说明创业研究的地位越来越重要，尽管创业研究的数量近几年并没有大的变化，但是，质量提高了。这是一个可喜的变化。②创业研究已经是经济学、商业或管理学的主流。但是，从学术期刊的数量上来看，更多的是管理学或商业类的期刊，重要级的经济学期刊只有一个。由于本研究主要是用经济学的方法，因而投稿对象主要是《小企业经济学》（*Small Business Economics*）。我相信我们的论文能够在这样质量的期刊上发表。

（四）创业研究的来源期刊分析二：国际权威期刊发表的创业论文数量分析

根据 2004—2014 年的文献统计结果，我们得出结论：①创业研究尽管发展迅速，但还不是西方学术界的主流。国际经济类权威期刊前五的《金融杂志》（*Journal of Finance*）、《政治经济学杂志》（*Journal of Political Economics*）、《计量经济学》（*Econometric*）十年来都没有创业类研究论文的发表。②发表创业研究论文的主要权威期刊 *Journal of Business Venturing*（国际 A）。

在 2015 年至 2018 年，*Journal of Finance* 发表了一篇 *Housing Collateral and Entrepreneurship*（2017 年 1 月），期刊 *Journal of Business Venturing* 发表了 27 篇（2004—2018 年共 107 篇）。

（五）主要权威期刊近十年来发表的创业论文的题目

根据 2004—2014 年的文献查询结果，我们对在《管理学院杂志》（*Academy of Management Journal*）、《管理学评论》（*Academy of Management Review*）、《管理科学》（*Management Science*）、《经济学与统计学评论》（*Review of Economics and Statistics*）、《管理科学季刊》（*Administrative Science Quarterly*）、《人力资源管理》（*Human Resource Management*）、《国际商业研究杂志》（*Journal of International Business Studies*）、《生产创新管理杂志》（*Journal of Product Innovation Management*）、《组织科学》（*Organization Science*）、《国际商业评论》（*International Business Review*）《国际技术管理杂志》（*International Journal of Technology Management*）、《商业伦理杂志》（*Journal of Business Ethics*）、《商业研究杂志》（*Journal of Business Research*）《企业创业杂志》（*Journal of Business Venturing*）、《经济史杂志》（*Journal of Economic History*）、《世界商业杂志》（*Journal of World Business*）、《研发管理》（*R&D Management*）、《研究政策》（*Research Policy*）等杂志上发表的论文进行了统计。

我们得出结论：①权威 C 期刊往往在一段时间内，连续或集中地将同一个主题的论文予以发表，体现出将某个主题的知识表达当作自己的使命。《商业伦理杂志》主要研究社会创业（social entrepreneurship）问题，《国际商业评论》研究国际创业（international entrepreneurship）问题，《研究政策》研究学术创业、大学创业、国家创业体系，《组织科学》关注制度创业（institutional entrepreneurship），《生产创新管理杂志》关注技术商业化（technology commercialization）和公司创业（corporate entrepreneurship），《人力资源管理》关注公司创业。《经济史杂志》关注国内外创业史。②权威 A 杂志的论文主题要体现创新性和权威性及独一无二，因而关键词、主题等往往是发散的，即将创业研究差异性大的论文予以发表。

国际 A 与国际 C 这种偏好上的差异对于我们发表高水平的论文很有帮助：创新性越强的论文，越要投稿给高级别的刊物。最高级别的论文，其方法、题目、关键词等必须是新颖的，而国际 C 的论文往往与已发表的论文有一定的相关性，体现出论文簇的特点。

（六）创业研究的国别分析

2004—2014 年，以"创业"为标题的文献搜索结果显示，中国排在第八位。美国论文总数约占 40%，英国约占 15%，德国约占 9%，中国约占 4%。特别地，2014 年，全球 SSCI&SCI 发表"创业"标题的论文 319 篇，中国排在第五位。

2004—2018 年，以"创业"为标题的文献搜索结果，共 7586 篇。其中：美国 1778 篇，占 23.4%，排第一位；中国 1156 篇，占 15.2%，排在第二位；英国 733 篇，占 9.7%；德国 394 篇，占 5.2%。

可以看到，美国的论文比重下降了，中国的论文比重迅速上升，且排到了第二的位置。

中国创业研究取得的惊人进步，是与国家加大对科研的投入分不开的，与国家自然科学基金或国家社会科学基金"创业"类申报立项数量正相关。同时，跨国论文合作有利于论文数量的统计。比如说，一篇论文由 5 个国家的作者完成，则国别统计量就是 5 篇论文。这与我国论文科研考核的方法是不一样的。在我国高校，一篇论文如果由二人完成，第一作者的绩效是 0.6。在国外，论文作者先后是按照姓氏的阿拉伯字母顺序排列的，重要性不分先后。

第二节　国外创业文献（SSCI & SCI）总体分析

一、创业研究领域的历史演变分析

补充一个概念性认知：作用于创业研究领域的六种力量（Aldrich，

2012），包括通过职业联系和会议形成的社会网络、出版物、培训与指导、基金、通过认识或获奖取得的地位、创业研究的国际化。这个认知对于推动我国创业领域的形成与发展，有一定借鉴意义。

（一）第二次世界大战前的创业研究领域演变

创业研究作为学术领域（academy field）还较新，但其历史悠久（Landström，1999，2000，2005）。

首先，我们看看"创业"这个词汇是何时出现的。"创业"这个词来源于12世纪的法语。自诞生之日起，欧洲封建系统抑制了它的发展。其间，只有德国南部、法国、意大利的新兴城市等少数地区有大量的商人创业。这种局面持续到18世纪，欧洲封建系统终止（Wennekers & Thurik，1999，2001）。

其次，我们看看创业的经济含义是何时在著作中出现的。爱尔兰出生的银行家理查德·坎蒂隆（Richard Cantillon，1680—1734）在他死后出版的著作中阐述了创业的经济含义和在经济发展中的作用（Cantillon，1755）。但是，当时亚当·斯密（Adam Smith，1776）的古典经济学著作占据经济学的阵地。创业的经济功能无法得到理论界的重视。

最后，我们看看创业理论是何时在美国开始发展的。19世纪末，美国经济在全球取得了主导地位。美国经济学家弗兰克·奈特（Frank Knight，1885—1972）等发展了创业理论。其著作《风险、不确定性和利润》（1921）认为，创业的技巧在于拥有处理社会中不确定性问题的能力。研究创业在经济发展中的作用的经济学家是约瑟夫·A. 熊彼特（Joseph，A. Schumpeter，1885—1950），代表著作《经济发展理论》（1934）。他认为资本主义经济的基本事实是创造性破坏（1942），而创业则是经济变化的主要推力。

（二）第二次世界大战后至20世纪90年代前的创业研究领域演变

1. 美国第一个创业研究专门机构的建立

在熊彼特的帮助下，在哈佛社会科学研究院的资助下，经济历史研究委员会于 1940 年成立了，由经济历史系教授阿瑟·科尔（Arthur Cole）主持工作。委员会主要研究在美国经济发展过程中，政府的作用以及创业的作用（Cole，1944）。1947 年，哈佛商学院出现了创业课程。1948 年，阿瑟·科尔成立了哈佛创业史研究中心和期刊《创业史探索》（*Explorations in Entrepreneurial History*）。1953 年，彼得·德鲁克（Peter Drucker）在纽约大学开设了创业和创新课程。

2. 美国创业研究的暂时低潮

第二次世界大战后，美国的计算机、雷达、喷气引擎等军事产品逐渐民品化。但是这些任务主要是由老企业完成的，1950—1965 年，以新企业形成为标志的创业活动一直处在较低的水平（Carlsson et al.，2009）。当熊彼特看到大企业的垄断地位后，他认为创业逐渐从个人创业转变到了组织创业。由于技术变化从个人创业转向大公司，1958 年，哈佛创业历史研究中心关闭了。

这个时期的创业研究成果：行为经济学家麦克兰德（McClelland，1961）试图解释经济增长的原因，得出结论：什么人会创业？具有更高的成就需求（need for achievement），更强烈的自信和更强的独立解决问题的能力的人（Cornelius et al.，2006）。文化和人类学家格尔茨（Geertz，1963）研究了印度尼西亚的文化发展与经济变化。利普塞特（Lipset，1967）检查了拉丁美洲的价值观、教育与创业的关系。莱本施泰因（Leibenstein，1968）考察了创业在经济发展中的作用。鲍莫尔（Baumol，1968）考察了创业在经济理论中的作用。1963 年新期刊《小企业管理杂志》（*Journal of Small Business Management*）诞生了。

3. 20 世纪 80 年代美国创业研究迎来新的历史机遇

1973 年和 1979 年的两次石油冲击暴露了大企业的弊端，给小企业带来了机会。1980 年的美国制度改革包括知识产权法、Bayh-Dole 法案、税法改革和金融自由化，都有利于创业。DNA 研究的突破和微处理器革命等重大技术的突破也促进了创业。

（1）创业的兴盛促进了创业理论的发展。新期刊《企业家》（*Entre-*

preneur，*Venture*，*and Inc*）诞生了，创业课程增加了，政府重视创业了。1970 年，普渡大学（Purdue University）召开了全球第一场创业研究学术会议。1987 年，美国管理科学院创业司成立。1976 年，新期刊《美国小企业杂志》（*American Journal of Small Business*）诞生了（1988 年更名为创业理论和实践，*Entrepreneurship Theory and Practice*）。创业期刊最终超过了40 家（Cooper，2003）。比如《企业创业杂志》（*Journal of Business Venturing*，1985），《家族企业评论》（*Family Business 了 Review*，1988），《小企业经济学》（*Small Business Economics*，1989），《创业和区块发展》（*Entrepreneurship and Regional Development*，1989），《小企业战略》（*Small Business Strategy*，1990）。还有基于学科分工的期刊：《美国经济评论》（*American Economic Review*），《美国社会学评论》（*American Sociological Review*），《管理科学季刊》（*Administrative Science Quarterly*），《金融经济学杂志》（*Journal of Financial Economics*），《战略管理杂志》（*Strategic Management Journal*）。

（2）创业研究沿着两条线展开。代表人物均是奥地利经济学家，第一条线：基于熊彼特（Schumpeter，1934，1942），哈耶克（Hayek，1945）和冯·米塞斯（Von Mises，1949）。第二条线：柯兹纳（Kirzner，1973，1979，1985）研究知识的作用和市场均衡过程中的创业机会发现；希尔斯特伦和拉丰（Kihlstrom & Laffont，1979）构建了不确定性条件下的竞争性均衡理论。

（3）创业心理学和创业社会学等所取得的成绩与受到的猛烈批评。由于大量充裕的研究数据存在于创业心理学、创业社会学和风险资本（Kent et al.，1982），早期研究主要集中于心理学和社会学。大多数早期学者主要研究创业者的个人特征和单个公司与企业的失败或成功。组织社会学家集中研究公司的数量，以考察其公司诞生或死亡率。经济学家，在这个领域没有边界。行为科学集中于个体创业者个人的内在过程，包括：社会认知、归因、态度和自我。归因理论基于海德尔（Heider，1958）的定义：行为是个人和外部环境的函数。麦克兰德（McClelland，1961）认为经济增长有四个关键因素：技术、人口增长、劳动分工和创业。①这个阶段的研究受到了加特纳（Gartner，1985，1988）、布罗克豪斯（Brockhaus，1980）、布罗克豪斯和诺德（Brockhaus & Nord，1979）、布罗克豪斯和霍维茨（Brockhaus & Horwitz，1985）的强烈批评，认为假定所有创业者都一样，假定新企业都一样，是不符合实际的。他们认为，创业的多样性要多于创业者与非创业者之间的区别，多于创业企业与非创业企业之间的区别。加特纳（Gartner）指出，许多创业者一生只创业一次。这种现象与行为科学的创业研究结论是矛盾的。②卡森（Casson，1982）认为，人人可以获得决策的全面信息的古典经济学假定限制了创业经济理论的发展。

（4）本阶段的创业研究领域：肯特等（Kent et al.，1982）和赛克斯顿与斯米勒（Sexton & Smilor，1986）分别出版了创业手册。这些手册大多是由管理学者完成的，一部分由工程师和社会学者完成（Landström et al.，2012）。1990年，卡森（Casson）编辑了早期论文卷，包含的创业研究领域有：经济理论（风险与不确定性；市场过程；创新；创业者与公司）、公司与产业实证证据（新公司与市场进入；创业与公司大小；雇佣和区域增长）、文化与经济发展（个性与激励；移民与文化）。1990年，加特纳（Gartner）做了 Delpha 研究，向学者、政治家和商业领导人发放问卷，欲给创业下定义。最终，并没有产生公认的定义。但是，研究产生了8个主题：企业家，创新，组织创新，创造价值，利润与非营利组织，增长，独特性和所有者经理。

4. 20 世纪 90 年代以来的创业研究领域的演变

经济学需要创业研究，博弈论的出现为创业研究提供了新的发展机遇。经济学需要解释，为什么有些经济发展成功了，另一些却失败了。创业理论正是这种解释的有力工具，因而经济学的发展需要创业研究取得进展。随着博弈论的出现，创业开始被融入经济分析中。克莱茵（Klein，Dynamic Economics，1977）与纳尔逊和温特（Nelson & Winter，An Evolutionary Theory of Economic Growth，1982）提出了有限理性的概念。由于未来是未知的，也是不可知的，创业者有了大胆创造的空间（Henrekson &

Stenkula，2007）。

对于创业研究领域有两种观点。一种观点由谢恩和维卡塔拉曼（Shane & Venkataraman，2000）、麦克米兰（MacMillan，1988）为代表，认为创业研究应该关注机会的发现、个人参与和利用机会的行为模式。第二种观点由阿克斯与奥德雷斯（Acs & Audretsch，2003a，2003b；Acs，2009）为代表，认为应该集于新企业和经济增长的作用。

分析创业研究领域的变化，我们借助于"小企业创业研究全球奖"使问题简化，且不失代表性。认为系列"小企业创业研究全球奖"可以反映出创业研究领域的一系列变化（见表1.4）。

表1.4　　　　　　　　　小企业创业研究全球奖系列论文

年度	人物	获奖理由
1996	大卫·伯奇（David，L. Birch）	新小企业在工作创造中的作用
1997	阿诺德·库珀（Arnold，C. Cooper）	技术创业，基于技术的新公司和孵化器组织
1998	大卫·斯托瑞（David，J. Storey）	为了开展无偏的、大规模的和高质量的研究，发起和协调广泛的国家和跨国家的关于中小企业问题研究计划
1999	伊安·麦克米兰（Ian，C. MacMillan）	在对创业和小企业行为的文化差异研究中引入国际视野和比较研究方法
2000	霍华德·奥尔德里奇（Howard，E. Aldrich）	对于新成立的小企业，综述社会学角度的创业研究的形成与演化
2001	佐尔坦·阿克斯（Zoltan，J. Acs）大卫·奥德雷斯（David，B. Audretsch）	小企业对于经济和创新的作用
2002	贾科莫·贝卡蒂尼（Giacomo Becattini）查尔斯·萨贝尔（Charles，F. Sabel）	利用阿尔弗雷德·马歇尔的思想对产业园区的分析
2003	威廉·鲍莫尔（William，J. Baumol）	创业本质的理论与实证研究，制度和激励的重要性分析

续表

年度	人物	获奖理由
2004	保罗·雷诺兹（Paul, D. Reynolds）	创新性地组织了几次示范性的大规模实证调查，调查创业本质及创业在经济发展中的作用
2005	威廉·加特纳（William, B. Gartne）	创业和创业行为的研究，结合实证主义和诠释学传统
2006	伊斯雷尔·柯兹纳（Israel, M. Kirzner）	强调创业对于经济增长和资本主义运作的作用，发展了相关理论
2007	戴安娜集团（The Diana Group）	调查女性创业对风险资本的需求，以及相应供给
2008	本格特·约翰尼斯（Bengt Johannisson）	创业者社会网络对于区域的重要性，以及在欧洲创业和小企业研究传统的发展中的关键作用
2009	斯科特·谢恩（Scott, A. Shane）	涵盖个人、机会、组织、环境、创业过程，对创业概念的超级敏锐性，充满实证及复杂方法的出版物
2010	乔什·勒纳（Josh Lerner）	风险资本及风险资本支持的创业研究，涵盖创业金融、创业创新、专利和开源项目发展等
2011	史蒂芬·克莱伯（Steven Klepper）	帮助人们理解新公司进入对于创新和经济增长的作用，建立了企业进入、退出、规模、位置、销售网络、技术选择等的大量纵向实证分析所需数据的数据库，在弥合新古典经济学与演化理论方面做出贡献
2012	凯瑟琳·艾森哈特（Kathleen, M. Eisenhardt）	公司创业研究——即现存组织如何通过新建企业等办法保持创新，在管理和经济学两方面推动创业研究，将动态能力、战略、决策过程、组织理论与设计等引进创业研究
2013	玛丽安·费尔德曼（Maryann Feldman）	区域产业聚集中创业活动的作用，涵盖公司位置、公司间知识溢出、园区发展、学术创业与大学园区的关系、知识产权、高科技创业

资料来源：根据小企业创业研究全球奖（The global Award for Entrepreneurship and Small Business Research）的历年资料进行整理。

二、创业研究的研究方法综述

我们分定性（qualitative）研究与定量（quantitative）研究两部分来综述。

（一）创业研究的定量研究方法综述

高级别的期刊对方法复杂、严谨的定量研究更加看好，比创业期刊的要求高。创业研究的方法很多，需要根据研究问题的需要科学选取。样本量通常较小，研究技术不复杂，这些是创业研究的两大挑战。Global Entrepreneurship Monitor（GEM）数据库和 World Bank Group Entrepreneurship Survey（WBGES）数据库为全球提供了复杂的创业数据（Wong，PX，2005；Ernesto Amoros，Jose，2011；Rafael Ramos–Rodriguez，Antonio，2012）（见表 1.5）。

1. 1976—2004 年，创业的定量研究方法（Michelle A. Dean et al.，2007）

1976—1985 年，主要研究方法有：描述性统计、非参数统计和相关性分析。

1986—1995 年，主要研究方法有：非参数统计和相关性分析和多元回归。

1996—2004 年，主要研究方法有：分层回归（hierarchical regression），简单回归与多元回归。

2. 2001—2008 年，创业研究方法越来越复杂

迈克尔·马伦等（Michael，R. Mullen et al.，2009）选取了三家代表性的创业期刊：《小企业管理杂志》《企业创业杂志》《创业理论和实践》。

近年来，非参数估计、聚类分析、差别分析、结构方程、因子分析、面板分析等得到新的关注。Panel Data Analysis 和 Data Envelopment Analysis（DEA）在级别高的期刊上越来越得到重视。

表 1.5 创业研究方法汇总

序号	定量分析方法（英文）	定量分析方法（中文）	占比（%）
1	Regression Analysis Simple regression Hierarchical regression Stepwise regression	回归分析 简单回归 分层回归 逐步回归	39
2	Logit Regression Multinomial logistic regression	逻辑斯蒂回归 多元逻辑斯蒂回归	11
3	Anova/Ancover	方差分析/协方差分析	10
4	Comparisons of Means Using t–Tests	两样本均值比较 t 检验	9
5	Descriptive Statistics	描述性统计量	6
6	Factor Analysis exploratory factor analysis confirmatory factor analysis	因子分析 EFA CFA	4
7	Correlation Analysis	相关分析	4
8	Structure Equation Model	结构方程模型（SEM）	4
9	Manova/Mancova	多元方差分析/多元协方差分析	3
10	Discriminant Analysis	判别分析	2
11	Cluster Analysis	聚类分析	2
12	Nonparametric Statistics	非参数统计	1
13	Others	其他方法	5

资料来源：根据 web of science 收集的资料整理。

研究设计上注重时间纵向分析或者横截面分析，以及二者结合起来的面板数据分析（Panel Data Analysis）。研究创业行为时需要使用面板数据，分为固定效果估计（Fixed Effects Estimator）和动态面板估计（Dynamic Panel Estimator）等，后来能够观测个人行为趋势产生的"依赖"（Parker，2008）。"依赖"使得误差不再独立，OLS 失效。在进行国际比较时的空间依赖也使 OLS 失效，面板数据分析能够解决"依赖"的问题（Lawrence，A. Plummer，2010）。

数据网络分析（Data Envelopment Analysis，DEA）与 Malmquist productivity index 相结合，可以帮助抓住创新机会，甚至技术套利机会（Sergey Anokhin et al.，2011）。DEA 由库珀和罗兹（Cooper & Erhodes，1978）提出，对于多输入与多输出的情形，用来测量决策单元（Decision Making Unit）的有效性。

模糊逻辑方法（fuzzy-logic methodology）：贾法尔·雷扎伊（Jafar Rezaei et al.，2012）研究创业导向（entrepreneurial orientation）时，比较了该方法与数据网络分析（DEA）、传统的统计方法与简单方法（naive methodology），四种方法计算的结果并不相同。创业导向如何测量？它由创新（innovativeness）、风险承担（risk taking）和积极性（proactiveness）三个一级指标组成，第一级指标由三个二级指标组成，共九个指标。每个指标都有权重，加权计算起来的值就是创业导向值，可以把不同创业者的创业导向值进行比较。简单方法让每个二级指标的权重为 1/12。模糊逻辑有一套规则，即根据亏空知识制作的模糊规则集，最终算出一个确定的数。DEA 自动计算出权重。

（二）创业研究的质性研究方法综述

在国外创业研究文献中，定性研究有一套规范，这些规范是以西方认识论为基础的（Martine Hlady-Rispal et al.，2014）。国外创业研究定性研究的主要范畴简表如表 1.6 所示。

表 1.6　　　　　　　　　　创业研究质性研究方法汇总

定性研究（英文）	定性研究（中文）	定性研究（英文）	定性研究（中文）
Research Topic/Subject	研究主题	Triangulation	多元互证
Entrepreneurs	创业	Data triangulation	多种数据来源互证
Community and regionalentrepreneurship	社区创业/区域创业	Investigator triangulation	多个调查人员互证

定性研究（英文）	定性研究（中文）	定性研究（英文）	定性研究（中文）
Corporate entrepreneurship	公司创业	Theoretical triangulation	多种学科互证
Institutional entrepreneurship	制度创业	Within-method triangulation	方法内互证
International entrepreneurship	国际创业	Between-method triangulation	多方法互证
Social entrepreneurship	社会创业	Quality Criteria	质量标准
Sampling	抽样	Validity	效度
Purposive sampling	立意抽样	Internal validity	内部效度
Theoretical sampling	理论抽样	Interpretive validity	解释效度
Extreme cases	极端情况	External validity	外部效度
Convenience sample	便利样本	Construct validity	构念效度
Critical cases	临界情况	Reliability	可靠性
Contribution of the Research	创业研究的贡献	Other Quality Criteria	其他质量标准
Contribution to theory	理论贡献	Fairness, ontological, educative, catalytic	公平、本体论、教育、催化
Concept/theory development	概念/理论发展	Authenticity	真实性
Conceptual frameworks/models	概念框架/模型	Legitimization	合法性
Propositions to be tested	假设检验	Qualitative Methods	质性方法
Contribution to practice	实践贡献	Case Study	案例研究
Policymakers	政策制定	Interviews	访谈
Entrepreneurs, top managers, executives	创业者、高级经理、公司高管	Grounded Theory	扎根理论
Consultants/venture capitalists	咨询/风险资本	Narratives	叙述
Pedagogues	教学	Action Research	行动研究
Inference mode	推理模式	Ethnography	民族志
Deductive	演绎	Verbal Protocol	语言协议
Inductive	归纳	Historical Research	历史研究
Abduction	在理论框架内解释单个现象	Interpretative Phenomenological Research	解释现象研究
Retroduction	回述	Multimethod	多方法

定性研究（英文）	定性研究（中文）	定性研究（英文）	定性研究（中文）
Ontological domains	本体域	Observation	观察
The real/the actual/the empirical（Bhaskar，1978）	真实/实际/实证		

资料来源：根据 web of science 收集的资料整理。

质性分析是定量分析研究的基础，定量分析体现质性分析，二者相互渗透。深入科学的定性分析离不开定量分析来实现目的。在创业研究中，需要把握质性研究的思维和方法，结合定量方法，从而达到科学测量的目的。

三、创业研究国外综述文献（SSCI & SCI）分析一

国外关于创业的文献数量众多，既包括文献综述，也包括具体论文。论文则涵盖了学术创业、制度与创业、区域创业等主题；综述则对商业模式、创业机会、国际创业、战略创业、公司创业、网络与创业、创业经济学、教育与创业、中国创业等话题进行了文献梳理（见表1.7）。

表1.7　　　　　　　　创业研究国外文献综述框架

分析单位	主要研究问题	代表性成果
系列文献综述	概念挑战	弗里德里克·韦尔特等（Friederike Welter et al.，2011）
	商业模式	杰拉德·乔治等（Gerard George et al.，2011）
	创业机会	杰里米·肖特等（Jeremy, C. Short et al.，2010）
	国际创业	马库斯·马蒂亚斯·科普等（Marcus Matthias Keupp et al.，2009），伊斯雷尔·德罗里等（Israel Drori et al.，2009），玛丽安·琼斯等（Marian, V., Jones et al.，2011），凯普和加斯曼等（Keupp & Gassmann，2009），刘晓明等（Xiaoming Liu et al.，2008）
	战略创业	大卫·奥德雷斯等（David B. Audretsch et al.，2009）
	公司创业	杜安·爱尔兰等（R. Duane Ireland et al.，2009），菲利普·潘等（Phillip, H., Phan et al.，2009），谢克·扎拉等（Shaker, A. Zahra et al.，2009）
	网络与创业	苏珊娜·斯洛特·科克等（Susanna Slotte‐Kock et al.，2010）

续表

分析单位	主要研究问题	代表性成果
系列文献综述	创业经济学	玛丽亚·明尼蒂等（Maria Minniti et al.，2008）
	教育与创业	贾斯汀·范德斯卢伊斯等（Justin van der Sluis et al.，2008）
	中国创业	王靖宇（Jingyu Wang et al.，2008）
学术创业	TTO	克拉里斯等（Clarysse et al.，2005）；赖特等（Wright et al.，2007）；巴特·克拉里斯（Bart Clarysse，2011）
	环境刺激	斯图尔特和丁（Stuart & Ding，2006），贝尔科维茨和费尔德曼（Bercovitz & Feldman，2008）
	个体差异	尼古拉欧等（Nicolaou et al.，2008），谢恩（Shane，2010），尼古拉欧等（Nicolaou et al.，2009）
	研究生创业	托马斯·阿斯特布拉等（Thomas Astebroa et al.，2012）
	政策评估	霍尔格·帕泽特等（Holger Patzelt et al.，2009）
	商业模式	莉莉安娜·多加诺娃等（Liliana Doganova et al.，2009）
制度与创业	制度理论与制度创业	加里·布鲁顿等（Garry，D. Bruton et al.，2010）
	无效制度与创业	约翰娜·梅尔等（Johanna Mair et al.，2009），希拉·帕夫（Sheila，M. Puffer，2010），拉塔·艾迪斯等（Ruta Aidis et al.，2008）
	经济自由与创业	克里斯蒂娜·尼斯特罗姆（Kristina Nyström，2008）
	破产法与创业	约翰·阿默等（John Armour et al.，2008）
区域创业	知识溢出	阿罗（Arrow，1962），罗默（Romer，1990），奥德斯（Audretsch，1995，2008），蓬图斯·布劳内热姆等（Pontus Braunerhjelm et al.，2010），佐尔坦·阿克斯等（Zoltan，J. Acs et al.，2009）
	创业聚集	爱德华·格莱塞等（Edward，L. Glaeser et al.，2010，a），迈克尔·波特（Michael，E. Porter，2010）
	城市经济学与创业	爱德华·格莱塞等（Edward，L. Glaeser et al.，2010，b）
	产业基础与创业	爱德华·格莱塞（Edward，L. Glaeser，2009）
其他	持续创业	保罗·冈帕斯等（Paul Gompers et al.，2010），凯·霍克茨等（Kai Hockerts et al.，2010），布拉德利·帕里什（Bradley，D. Parrish，2010）
	战略创业	大卫·凯琴（David，J. Ketchen，2007）
	混合创业	约翰·威克伦等（Johan Wiklund et al.，2010）

分析单位	主要研究问题	代表性成果
其他	创业与IPO	特雷维斯·塞托等（Trevis Certo et al.，2010）
	经济发展阶段与创业	佐尔坦·阿克斯等（Zoltan, J. Acs et al.，2008）

资料来源：根据 web of science 收集的资料整理。

（一）文献综述系列

创业研究第一个主题，几乎都有文献综述。

1. 如何理解创业这个概念？创业为什么发生，怎样发生，什么时候发生，谁创业？（Friederike Welter et al.，2011）。

2. 创业的商业模式这个概念有哪些维度？有什么重要性？（Gerard George et al.，2011）。

3. 创业机会这个核心概念在创业研究中有何作用？将来如何发展？（Jeremy，C. Short et al.，2010）。

4. 国际创业研究的概念，研究的主要问题，未来方向（Marcus Matthias Keupp et al.，2009；Israel Drori et al.，2009；Marian，V. Jones et al.，2011）；或者对国际创业理论碎片化不满，认为缺少统一的研究范式，分析基于现象（Keupp & Gassmann，2009）；中国民企早期国际创业需要考虑哪些问题？民企国际创业的不足有哪些？国际生意机会的创业认知，国际化时的资源需求，心理距离，外国市场选择与进入模式，国际化时的竞争战略，国际化的时机与公司绩效，等等，是必须要考虑的问题。知识与国际化经验不足，独特的国内制度障碍，是国际创业的主要限制条件（Xiaoming Liu et al.，2008）。

5. 从不同的角度研究战略创业（David，B. Audretsch，2009）。

6. 公司创业战略的前因、要素和后果（R. Duane Ireland et al.，2009）；公司治理机制和必要的管理技巧（Phillip，H. Phan et al.，2009）；董事会与吸收能力互补有利于公司创业（Shaker，A. Zahra et al.，2009）。

7. 创业过程与网络（社会网络与商业网络）发展的关系（Susanna Sl-

otte - Kock et al.，2010）。

8. 创业经济学的理论发展脉络（Maria Minniti et al.，2008）。

9. 贾斯汀·范德斯鲁伊斯等（Justin van der Sluis et al.，2008）通过元分析（Meta - Analysis），分析了教育、创业选择、绩效的关系。

10. 王靖宇等（Jingyu Wang et al.，2008）对研究中国创业的国外文献进行综述。

（二）学术创业

1. TTO（technology transfer offices）的职能，如支持学术衍生创业（academic spin-off）（Clarysse et al.，2005；Wright et al.，2007）；值得一提的是，巴特·克拉里斯（Bart Clarysse，2011）创建了一个包含 TTO 的模型，性别、是否英国前十所名校、是否教授、系质量等是哑变量，TTO、创业能力、创业经历、大学专利数、大学衍生企业等是自变量，应用考克斯（cox）生存模型法，计算各因素对创业的影响。

2. 环境是否能够刺激创业，当学术合作者创业时（Stuart & Ding，2006），或者周围同事鼓励创业时（Bercovitz & Feldman，2008），均能产生刺激效果。

3. 遗传差异和经历等个体差异能够解释 60% 是否创业（Nicolaou et al.，2008），如女性是否创业受遗传影响更大（Shane，2010），男性是否创业受经历影响更大（Nicolaou et al.，2009）。

4. 研究生创业的概率比教师高 2 倍，质量也不低（Thomas Astebroa et al.，2012），要鼓励新近毕业的科学与工程专业的研究生创业。

5. 激励成立新企业与支持新企业取得好的绩效是两类不同的政策，这两类政策的内容与依据（Holger Patzelt et al.，2009）。

6. 商业模式是技术创业的重要设施之一（Liliana Doganova et al.，2009）。

（三）制度与创业

1. 如何从学科角度梳理现有文献？加里·布鲁顿等（Garry Bruton et

al.，2010）从法律、制度创业、制度三个方面梳理了现有文献。

2. 什么是创业制度失效？是否有实例？有哪些教训？贝尔格莱德（Bangladesh）的制度失效（Johanna Mair et al.，2009），俄罗斯的创业制度失效（Sheila，M. Puffer，2010；Ruta Aidis et al.，2008）。鲁塔·爱迪斯等（Ruta Aidis et al.，2008）通过 GEM 数据库，分析俄罗斯的创业制度失效，希拉·帕夫（Sheila，M. Puffer，2010）分析俄罗斯与中国在经济转轨的情形下，正式制度无效，并提出正式制度与非正式制度的均衡将是未来可能发展方向。

3. 经济越自由，政府规模越小、更好的法律结构与产权安全，对劳动、信用和商业更少的监管，更稳健的货币，更能增加创业活动（Kristina Nyström，2008）。这是克里斯蒂娜·尼斯特罗姆（Kristina Nyström）通过面板数据推导计算得出的结论。

4. 破产法对创业有显著影响（John Armour et al.，2008）。

（四）区域创业

1. 在区域创业中，知识溢出处于什么地位？知识溢出与创业的关系如何？阿罗（Arrow，1962）提出知识增长在经济增长中有着重要作用。后来，罗默（Romer，1990）建立了包含人力资本的经济增长模型，将知识增长内生化。创业资本促进知识溢出，提高经济绩效（David，B. Audretsch，2010），创业促进知识扩散和经济增长（Pontus Braunerhjelm et al.，2010）；反过来，知识溢出也促进创业，进而促进经济增长（Zoltan，J. Acs et al.，2009；Audretsch，1995）。所以，在区域创业中，知识溢出与创业互相促进。

2. 产业聚集与创业的关系如何？产业聚集条件下，如何促进创业？强产业聚集对创业、多次创业、创业生存率都非常有益（Michael，E. Porter et al.，2010）；产业聚集条件下，创业的原因不是追求更高的回报，而是更低的固定成本和更多创业的人（Edward，L. Glaeser et al.，2010）。

3. 在城市经济学基础上，提出的包含创业的核心城市模型（Edward，

L. Glaeser, 2010）。

4. 如何从产业基础来解释生产性创业？大量的小企业、充足的工人，加上产业特征能够解释 70% 左右的生产性创业（Edward, L. Glaeser, 2009）。

（五）其他

1. 持续创业的两种不同的概念。一是习惯性创业、多次创业，二是指生态友好的创业。保罗·冈帕斯（Paul Gompers et al., 2010）指出持续成功创业的人比第一次创业或者有创业失败经历的人，成功概率更高。因为他们善于选择正确的产业以及合适的创业时间。凯·霍克茨（Kai Hockerts et al., 2010）指出新企业更可能进行有利于生态环境可持续的创业。另外，让人大跌眼镜的是，成功地重视可持续发展的企业的初始动机往往不是绿色生产（Bradley, D. Parrish, 2010）。

2. 战略创业。大企业与小企业在战略创业方向上优劣势互补，二者要协作创业，创造新的财富（David, J. Ketchen, 2007）。

3. 混合创业。无论新手还是习惯性创业，混合创业是常态（Johan Wiklund et al., 2010）。新手通常在组织内部混合创业，习惯性创业者则往往再创建一个组织进行混合创业。

4. 创业企业 IPO 的原因和结果（S. Trevis Certo et al., 2010）。

5. 经济发展阶段与创业。经济发展的三个阶段：要素驱动、效率驱动和创新驱动。各阶段与创业的关系如何（Zoltan, J. Acs et al., 2010）？

四、创业研究国外文献（SSCI & SCI）分析二

本部分将对创业支持、创业促进机制、创业扶持政策等方面的文献进行梳理。集中于促进创业的政策与运行机制方面的研究，其结论对创业实践将产生直接的影响。表 1.8 列出了文献概貌，详细内容具体陈述。

表 1.8　　　　　　　　　　**创业研究国外文献综述框架（续）**

分析单位	主要研究问题	代表性成果
创业支持	组织支持	巴特·克拉里斯（Bart Clarysse, 2011）
	社会网络	丹尼斯·莱登等（Dennis, P. Leyden et al., 2014）
创业促进机制	功能完好的资本市场	威廉·克尔等（William, R. Kerr et al., 2009）
	创业警觉信息系统	泽基·西姆塞克（Zeki Simsek, 2009）
	学术界与企业界的交流	希尔（Scheer, August – Wilhelm, 2009）
	螺旋模型	雷德斯多夫等（Leydesdorff et al., 1998, 2000, 2010, 2014），金永焕等（Younghwan Kim et al., 2012）
	基于知识的区域创业系统	钱海峰（Haifeng Qian, 2012）
	制度创业	世昌亨加等（Shih – Chang Hunga et al., 2011）
创业扶持政策	全球化下的创业政策	佩尔 – 约翰·诺贝克等（Pehr – Johan Norbäck et al., 2014）
	税收政策	汉森·阿萨（Hansson Asa, 2012）
	创业教育政策	艾伦·奥康纳（Allan O'Connor, 2013），海塞尔·奥斯特贝克（Hessel Oosterbeek, 2010）
	个人破产法	弗兰克·福森（Frank, M. Fossen, 2014）
	创业政策与经济政策比较	大卫等（David B et al., 2012）
	全球创业与发展指数GEDI	佐尔坦·阿克斯（Zoltán, J. ács, 2014）
	创业政策分类	伦斯特罗姆和史蒂文森（Lundstrom & Steveson, 2002）
	政策成本、政策效果、政策评价方法	诺林·阿尔舍等（Norin Arshed et al., 2014），蔡文仙等（Wen – Hsien Tsai et al., 2014），安德斯·伦德斯特罗姆等（Lundstrom, Anders et al., 2013）蔡文仙等（Wen – Hsien Tsai et al., 2011），詹妮弗·伍利（Jennifer, L. Woolley, 2008），杰拉德·乔治等（Gerard George et al., 2011）

资料来源：根据 web of science 收集的资料整理。

（一）创业支持

1. 组织支持。创业能力、创业经历与组织支持（Technology Transfer

Offices，TTOs）有利于学术创业（Bart Clarysse，2011）。

2. 社会网络。社会网络在创业中起着重要作用（Dennis，P. Leyden et al.，2014）。

（二）创业促进机制

1. 功能完善的资本市场。其重要特征之一就是创业的自由进入（William，R. Kerr et al.，2009）。

2. 创业警觉信息系统。组织学习（organizational learning）、信息导向（information orientation）和创业警觉文献（entrepreneurial awareness literatures）是企业创业预警信息系统的三个关键元素（Zeki Simsek，2009）。

3. 学术界与企业界的交流。学术界和企业界存在交流的鸿沟，这是国内外惯例。德国通过促进创业来促进二者的交流，这样做是有效的（Scheer，August – Wilhelm，2009）。

4. 三螺旋（Triple Helix model）、四螺旋、五螺旋模型。三螺旋模型认为政府、产业、大学与科研院所是知识经济社会内部创新制度环境的三大要素，三种力量结合，能够减轻市场不确定性带来的后果，提高创业成功率（Leydesdorff，1998，2000，2010，2014）。三螺旋模型加上媒体（media）、文化（culture）和公民社会（civil society）这一维形成四螺旋模型；如果再加上自然环境（natural environments）即为五螺旋模型。基于三螺旋模型考察 R&D 支出：在创业活跃的地区，大学和政府的 R&D 支出、大学与企业的 R&D 支出均起着正的协同作用；在创业不活跃地区，低税率显著影响公司出生率；低房价有利于公司创业（Younghwan Kim et al.，2012）。

5. 基于知识的区域创业系统。知识溢出是创业的机会，人力资本是知识吸收能力的源泉。创造、发现和利用创业机会的三阶段结构模型（three-phase structural model）：第一阶段是吸引人力资本阶段，通过高生活质量、优秀大学、社会多样性、产业分工、产业聚集等因素吸引人力资本；第二阶段是创造新知识阶段，人力资本、产业聚集和产业分工、大学，均创造新知识；第三阶段是创业阶段，基于新知识，大学创业，产业聚集区创业（Haifeng Qian，2012）。创业是建设性的破坏，创业推动产业更新。创业企业吸收能力是驱动基于知识的创业活动的关键因素。知识生产是多层次的、多模式的和多节点的复杂系统，需要有知识吸收能力的人力资本。高科技和文化多样性有利于区域创业系统的活力。

6. 中国台湾地区 IT 行业制度创业案例。在台湾地区创新体系内，制度优化的路径，或者说制度创业的战略。创业是国家创新系统的制度创业的代理，推动着区域创新系统向着对自己有利的方向演化（Shih – Chang Hunga et al.，2011）。

（三）创业扶持政策

1. 全球化推动了创业，使得创业政策更容易推出（Pehr – Johan Norbäck et al.，2014）。

2. 税收政策。税收，包括平均税率和边际税率，对自就业（self-employment）产生影响（Asa Hansson，2012）。

3. 创业教育政策。创业教育对创业有影响吗？创业教育政策的效果如何检验？创业教育对创业者自我评估的创业技能没有显著影响，对创业动机的影响是负的（Hessel Oosterbeek，2010）。澳大利亚创业教育政策随着政治周期不断变化，艾伦·奥康纳（Allan O'Connor，2013）提出了政策效果检验的理论框架。他将创业的经济目的归结为：经济开发（development）、经济增长（growth）与经济生产力（productivity）、经济效用（economic utility），分别对应知识创业、创业扩张、公司创业和社会创业。这实际上是对部分类型的创业进行了经济后果的考察。

4. 个人破产法。基于促进个人创业政策目标，美国、德国等国家允许个人破产。这产生两种互相矛盾的后果：一方面，法律提供了破产保险；另一方面，贷款利率提高了。这种效果在财富少的人身上更明显（Frank，M. Fossen，2014）。弗兰克·福森（Frank，M. Fossen）建立了一个二阶段模型，以创业为分界点，使用双重差分（difference-in-difference）估计，建立离散时间危害率模型（discretetime hazard rate model），利用德国官方的面板数据进行检验。检验结果是，个人破产法对创业有促进作用。

5. 熊彼特的公共政策框架与古典经济学的公共政策框架、凯恩斯主义的公共政策比较分析（David, B., et al., 2012），充分肯定创业在三者中的理论地位。

6. 全球创业与发展指数（Global Entrepreneurship and DevelopmentIndex, GEDI）。由十五根支柱构成：机会感知（Opportunity Perception），创业技能（Startup Skills），风险接受（Risk Acceptance），网络化（Networking），文化支持（Cultural Support），机会创业（Opportunity Startup），性别（Gender），技术部门（Technology Sector），人力资源质量（Quality of Human Resources），竞争（Competion），产品创新（Product Innovation），流程创新（Process Innovation），高增长（High Growth），国际化（Internationalization），风险资本（Risk Capital）（Zoltán, J. Ács, 2014）。

7. 创业政策分类：创业融资（start-up financing），创业业务支持（start-up business supports），创业促进（start-up promotion），创业教育（start-up education）和目标群体识别（the identification of target groups）（Lundstrom & Steveson, 2002）。

8. 政策成本、政策效果与评价方法。瑞典创业政策的成本，大部分支出流向已经存在企业的税收或资助上（Lundstrom, Anders, 2013）。（1）创业政策无效：原因在于，政策制定的过程中，利益集团为了自身的利益控制了该过程（Norin Arshed et al., 2014）；通过评价美国 Bayh – Dole 实施 30 年后的效果，建议知识产权归属于发明者，而不是学校，或者向社会公开（Gerard George et al., 2011）。（2）创业政策有效：对美国各州的纳米技术创业进行的分析证实创业支持政策效果显著，并且，先动优势也非常明显（Jennifer, L. Woolley, 2008）。政策评价方法：MCDM（Multi – Criteria Decision – Making）模型，使用 ANP（Analytic Network Process）获取所构建的指标体系的权重，使用 VIKOR 方法计算差距并排序（Wen – Hsien Tsai, 2014）；使用 DEMATEL、ANP 与 ZOGP 相结合的方法，进行政策评价和决策分析（Wen – Hsien Tsai et al.，2011）。

五、创业研究国外直接相关文献（SSCI & SCI）综述

（一）效用函数：递归效用函数

默顿（Merton，1971），达非、弗莱明、索纳和扎里波普乌罗（Duffie，Flemming，Sonar & Zariphopoulo，1997），辜（Koo，1998），维塞阿（Viceira，2001）研究了不同效用形式如等弹性效用等和不可交易的劳动收入条件下的消费和资产组合选择问题。默顿（Merton，1971）最重要的贡献是为 HARA 族效用函数提出了显性解，涉及三个参数，其中的一些错误后来得到了校正。达非（Duffie et al.，1997）提出并拓展了连续形式的递归效用，在资产定价模型中得到了广泛应用。连续形式的递归效用也包含三个参数。本研究采纳的是连续形式的递归效用函数。

（二）创业经济学

豪尔和伍德沃德（Hall & Woodward，2010）研究了风险资本背景的创业公司的非分散性风险情况。这些在风险资本支撑的创业者获得的工资比市场价格低，但以一部分股权为补偿。通常，3/4 的创业者在退出企业时，一无所获。

约翰·希顿和黛博拉·卢卡斯（John Heaton & Deborah Lucas，2000）发现，创业者收入波动的风险对资产定价和资产选择产生明显影响，即与持有财富相近的家庭相比，创业收入较高且波动较大的家庭持有股票的数量更少。

约翰·希顿和黛博拉·卢卡斯（John Heaton & Deborah Lucas，2004）认为，举借债务降低了创业者的异质性风险，降低了投资的门槛回报率，最终影响到投资水平。

基于利兰（Leland，1994）的研究，陈、苗和王（Chen，Miao & Wang，

2010）分析了动态的不完全市场条件下的创业公司，其分散风险的行为对创业者的消费、融资、投资组合和业务退出决策产生的影响：风险厌恶系数较高的创业者违约较早，同时，债务杠杆率也较高；相对于公共公司，分散化不足使创业公司投资相对不足，而风险性的债务增加了创业公司的投资。另外，这篇论文还详细分析了异质风险。

利兰（Leland，1994）在统一的分析框架下，研究了公司债务价值和资本结构：假设公司资产价值的布朗扩散过程具有常数波动率，推导出了最优资本结构等的公式；债务价值与最优杠杆率、税收、破产成本、无风险利率、现金红利付出、债券契约等有关。

赫兰茨、克拉萨和维拉曼（Herranz，Krasa & Villamil，2009）认为，创业者选择公司大小、财务结构和违约来管理风险。风险厌恶系数较小的创业者经营的企业更大，并选择成立公司；风险厌恶系数较大的创业者更倾向于违约，尽管他们承担的债务并不多；信用约束束缚了部分创业者。

（三）流动性财富

这是本研究的关键变量。埃文和乔瓦诺维奇（Evan & Jovanovic，1989）考察了流动性约束对创业的影响，建立了流动性约束情况下的创业行为选择模型。创业行为实际上是寻求经济中的套利机会，而对应的出资者——资本家则承担创业者的风险。那些个人能力强但资产较少的人，更容易受到财富的约束。

卡杰蒂和德纳迪（Cagetti & De Nardi，2006）构建了职业模型，研究了借款约束条件下的创业、创业退出与投资决策，发现借款约束越强，财富就越分散，平均公司大小、总资本、创业者的份额就越小。

赫斯特和卢萨尔迪（Hurst & Lusardi，2004）认为创业倾向是财富的非线性函数。在财富分布的大多区域，创业倾向是平坦的；只有在财富分布的95%以上的部分，创业倾向与财富才是正相关的。将各行业根据高或低的初始资本的要求进行细分，发现没有证据表明初始资本高的行业，财富对创业的影响明显。可见，赫斯特和卢萨尔迪否定了财富对创业的影响。

本研究将流动财富作为创业的关键变量，研究在非分散化风险和流动性约束背景下，创业进入与创业退出的一些经济规律。

（四）动态融资约束与实业投资的关系

曹、洛伦佐尼和沃伦汀（Cao，Lorenzoni & Walentin，2013）设计了一个融资约束的投资模型，并用它来研究投资和托宾 q 的关系。内部人满足公司所需的部分资金，控制资产，并获得比市场高的回报率。这个比市场回报率高的回报率，就是投资资本的准租金。这些租金被定价到公司的价值，即托宾 q。

博尔顿、陈和王（Bolton，Chen & Wang，2011）探讨了外部融资约束条件下，投资、融资、风险管理决策之间复杂的关系，即：这些变量都动态变化的条件下，相互关系如何；怎样进行日常的风险管理。风险管理手段不只是金融对冲，也包括现金管理。现金管理包括现金存量、公司投资、外部融资、红利付出等。金融对冲可以对冲系统性风险，现金管理则可以缓解异质风险，二者互相补充。

拉姆皮尼和维斯瓦纳坦（Rampini & Viswanathan，2010）认为，融资约束迫使生产性公司缩小规模，并导致生产率下降。为什么融资约束会导致生产率下降呢？因为越是生产性的公司，融资约束越强。它们往往穷尽其举债能力，而不是维持财务宽松以抓住未来的投资机会。现实中，越来越多的公司更少地进行风险管理，并穷尽其举债能力。当现金流较低的时候，这些公司将不能抓住投资机会，从而导致整体生产率的下降。

德玛尔佐、费希曼、何和王（DeMarzo，Fishman，He & Wang，2010）根据可分析、可追踪的最优激励合约的动态投资理论模型计算出，企业利润增加的时候，融资宽松是最优的。

（五）其他思想

1. 苗和王（Miao & Wang，2007）将真实期权方法应用到不完全市场，分析了企业投资、消费和储蓄与资产组合选择之间的关系。当代理人（对应于本模型的创业者）通过市场进行资产组合来部分对冲投资风险时，系统波动性风险通过 CAPM 得到了补偿；同时，异质风险产生了由股权所有者获得的股权溢价。

2. 常微分方程研究动态问题的便利性。德玛尔佐（DeMarzo，2006）通过常微分方程，研究了持续时间的委托—代理环境下的最优动态合约问题。常微分方程为最优合约提供了方便的特征表达式，并具有较强的扩展功能，因为边界条件或初值条件可以变化。激励手段有贷款额度、长期负债、代理人股权等。

3. 公司何时付出红利。德玛尔佐（DeMarzo，2007b）指出：业务收入与杠杆的正相关性得不到实证的支撑；公司的资本结构动态地依赖于现金流的分布以及公司的历史。德玛尔佐的模型区分预期收入和现实的收入：预期收入高将提高债务杠杆，现实收入高将降低债务杠杆。当债务与资本之比降低到一定数值（比如39%）时，公司将付出红利。

第三节　国内研究文献综述

一、项目名称包含创业的历年国家自然科学基金项目简介

以创业为项目名称检索关键词，检索国家自然科学历年至 2014 年资助项目，包含青年科学基金项目、面上项目、重大项目、地区科学基金等 16 类资助项目，共 177 项。

主持 2 项国家自然基金项目的有 14 人，主持 3 项的有 3 人。郑凤田（中国人民大学，2014 面上、2009 面上、2003 面上），庄晋财（江苏大学，2014 面上，2011 面上），谢科范（武汉理工大学，2002 面上、2007 面上），林嵩（中央财经大学，2007 青年、2010 面上），苗青（浙江大

学，2007 青年、2012 面上），葛宝山（吉林大学，2006 面上、2010 面上、2014 面上），李新春（中山大学，2008 面上、2011 面上、2012 重大），蔡莉（吉林大学，2011 面上、2012 重大），龙静（南京大学，2010 面上、2012 面上），张帏（清华大学，2005 面上、2009 面上），牛芳（南开大学，2010 面上、2014 面上），于晓宇（上海大学，2011 青年、2014 面上），韩炜（西南政法大学，2010 青年、2014 面上），赵文红（西安交通大学，2010 面上、2013 面上），徐二明（中国人民大学，2006 面上、2013 面上），买忆媛（华中科技大学，2009 面上、2013 面上），朱秀梅（吉林大学，2009 青年、2012 面上）。

比较突出的是中国人民大学与吉林大学，有多人获得 2 项及以上国家自然科学基金项目，具有较雄厚的创业研究实力。如果根据前述的信息，清华大学、南开大学、南京大学、浙江大学、中山大学等，也有相当的创业研究实力。

创业类项目立项数量逐年增加，大约每隔 5 年翻一倍。2002 年与 2003 年每年各 1 项，2004 年 3 项，2005、2007、2008 年各 6 项，2006 年 7 项，2009 年和 2010 年分别为 11 项和 14 项，2011—2014 年分别为 22、20、25 项。

二、创业研究国内文献主题综述

笔者将创业研究的国内文献的相关主题进行汇总整理，如表 1.9 所示。

表 1.9　　　　　　　　　创业研究国内文献主题综述

创业研究内容	主要人物及主题
创业主体	创业绩效：李宏彬等（2009），陈劲（2006）；创业心理：李仁苏（2008），刘平青等（2008）；创业中的信任：易朝辉（2011）；科技创业家成长：鲁兴启（2008）

创业研究内容	主要人物及主题
创业研究综述	创业理论：姜彦福等（2003），朱仁宏（2005），翟庆华等（2013），陆园园等（2009），蔡莉等（2013）；创业子领域理论研究：张映红（2006），薛永基（2009），林嵩（2007），蔡莉等（2007），李永强等（2008）；创业学：邱菀华等（2006），邱菀华等（2006）
创业网络	王重鸣等（2009），朱秀梅等（2011），谢科范等（2007），刘志阳等（2009），马光荣等（2011）
创业过程	直接研究创业过程：林嵩等（2004），叶明海（2011），张玉利等（2011），霍亚楼（2009），俞园园等（2014）；从某个侧面加深对创业过程的理解：鲁兴启（2010），任迎伟等（2013），赵艳萍等（2013），林嵩（2010），田莉等（2009）；买忆媛（2011），陈忠卫等（2013），吴凌菲等（2007），俞园园等（2014）；以创业过程为研究对象的案例：李华晶等（2010），徐红罡（2014）
创业型经济	张建英（2012），陈世清（2003），姚毓春等（2011），赵绚丽（2012）
创业模式	以技术为基础的创业模式：董洁林（2013），张炜等（2008），秦兴俊等（2009），庞艳桃（2005），严志勇等（2003）
创业模型	现有模型：张玉利等（2009），巩县胜等（2014），李雪灵等（2009）；新创模型：房四海（2003），李政等（2008），刘志阳等（2007），林嵩、张帏、姜彦福（2007），苗青（2009），林嵩（2009），易朝辉（2011），张玉利等（2012），杨锦秀等（2012）
创业决策	创业决策方式：张玉利（2011），郑秀芝（2012），段锦云等（2010）；创业决策模型：郑秀芝（2011），张帏等（2007），苗青（2009），蔡莉等（2008），桂萍（2007），齐玮娜等（2014），张秀娥（2012）；创业决策的影响因素：刘万利（2010），沈科薇（2009），陈震红（2004），马昆姝（2008），熊智伟等（2011），杨其静（2010）
创业融资	控制权与契约：徐姗姗（2006），薛永基等（2008）；创业融资体系与政策：吴汉荣（2013），林剑（2006），秦志华等（2002），崔祥民等（2010），杨海（2008），葛宝山等（2013），迟建新（2009）；风险资本融资：杨海（2008），赵洪江等（2009）
创业投资	创业投资主体：张东生等（2000），沈沛（2000），杨蒙莺（2005）；创业投资回报：张帏等（2007），蒋健等（2011）；创业期权：田增瑞（2003），朱爱萍（2004），颜秋许（2004），李钰等（2008），任玉珑（2003）；创业投资的税收与激励：田增瑞（2009），申嫦娥（2010），周煊等（2012）；其他研究主题：王东静（2006），康恩才（2008），易朝辉（2011），刘亚玲（2005）

创业研究内容	主要人物及主题
创业集群	集群内个体：张帏（2007），李小康等（2013）；集群内关系：蔡莉等（2008），王重鸣等（2003），郭建莺等（2005）
创业资源与环境	蔡晓珊等（2014），胡海青等（2012），秦志华等（2011）
创业绩效	重要创业概念与创业绩效：黄胜等（2011），杜建华等（2009），易朝辉（2010），姜彦福等（2010），陈忠卫等（2007），巩县胜等（2014）；创业泛绩效：李政等（2009），刘青等（2013），林嵩、姜彦福（2008），王延荣（2006）
政府行为与政策	扶持的必要性与困难：王松奇（2002），郑风田等（2007），辜胜阻（2007）；如何扶持：王玉春（2008），张茉楠（2007），杨怀印等（2009）；政策绩效：卢福财（2009），杨敏利等（2014），张钢等（2008）

资料来源：根据知网（www.cnki.net）收集的资料整理。

（一）创业主体分析

1. 创业绩效

企业家的创业与创新精神对中国经济增长正影响（李宏彬等，2009）；学术型创业家与企业绩效关系研究（陈劲，2006）。

2. 创业心理

企业家创业行为心理动因（李仁苏，2008）；私营企业主创业行为的心理学解释及验证（刘平青等，2008）。

3. 创业中的信任

创业投资家的五维信任结构（易朝辉，2011）。

4. 科技创业家成长分析（鲁兴启，2008）

（二）创业理论分析

1. 创业理论

创业理论研究与发展（姜彦福等，2003；朱仁宏，2005）；国外创业研究新进展，通过文献共引和关键词共现形成知识图谱，进而分析创业研究领域的主要理论、研究主题及其变化趋势（翟庆华等，2013）；中国创业问题研究（陆园园等，2009；蔡莉等，2013）。

2. 创业要素研究

公司创业理论的演化背景及其理论综述（张映红，2006）；国外创业金融研究综述（薛永基，2009）；创业机会的深度分析—生命周期理论的视角（林嵩，2007）；基于资源视角的创业研究框架构建（蔡莉等，2007）；创业意愿影响因素研究综述，包括企业家特质、TPB 模型、学生创业教育以及创业环境四个方面（李永强等，2008）。

3. 创业学

美国创业学发展及其对中国的借鉴（邱菀华等，2006）；中国创业学研究的现状与未来方向（刘沁玲，2008）。

（三）创业网络分析

1. 对国家级软件园的创业网络、创业环境与绩效的关系（王重鸣等，2009）

2. 创业网络特征对资源获取的动态影响（朱秀梅等，2011）；以层次与功能的二维关系近似描述的创业社会网络图谱，其特征及形成机理分析（谢科范等，2007）

3. 创业投资网络研究，对联合投资动机、创业投资网络的形成、测度及绩效四个维度进行综述（刘志阳等，2009）

4. 在正规金融越不发达的地方，以民间借贷为代表的社会网络，即非正规金融，对农民创办自营工商业所发挥的作用越大（马光荣等，2011）

（四）创业过程分析

1. 直接研究创业过程

国内相关理论研究。（1）对国外三个有代表性的创业过程理论模型进行对比和评论（林嵩等，2004）。（2）同样基于国外三个有代表性的创业过程理论模型，提出创业机会、创业资源、创业战略和创业结果四个维

度的创业过程模型（叶明海，2011）。（3）新生技术创业者的创业过程
（张玉利等，2011）。（4）创业过程包含创业机会、创业者、创业战略以
及创业绩效四个维度（霍亚楼，2009）。（5）基于系统理论的创业过程
（张玉臣等，2011）。

国外创业过程理论。（1）巴韦（Bhave）的创业过程理论，认为创业
过程可分为机会阶段、技术确立和组织创建阶段、交换阶段，其中激发机
会识别的内、外部因素是第一阶段的关键要素，生产技术是第二阶段的关
键要素，产品是第三阶段的关键要素。这个过程模型忽视了宏观环境对创
业过程的影响。（2）加特纳（Gartner，1985）提出的个体、组织、环境、
过程的框架。（3）蒂蒙斯（Timmons，1999）提出的机会、资源、团队的
框架。（4）马和谭（Ma & Tan）提出创业过程的创业主张、创业先行者、
创业实践、创业绩效四个维度。

2. 创业过程的重要因素

（1）创业网络与创业过程。网络资源的拥有状况及其紧密程度对创
业初期和成长期有着重要影响（鲁兴启，2010）；社会网络在创业过程中
的动态演进机理（任迎伟等，2013）；产业集群内创业网络（核心网络、
支持网络和隐性网络）对中小企业创业过程主要要素（创业资源、创业
机会和创业团队）的影响（赵艳萍等，2013）；创业网络的演化：从网络
关系角色、构成主体以及连接属性三个维度来考察，经历弱化的个体网络、
加强的个体网络、多元化战略型复合网络三个不同阶段（林嵩，2010）。
①工作经验对创业过程的影响（田莉等，2009；买忆媛，2011）。②在创
业初创阶段、成长阶段、转型阶段，两种冲突，即以解决任务为中心的认
知冲突和以人际破坏为特征的情感冲突，其不同的作用机理（陈忠卫等，
2013）。③文化环境的主要要素与 DDEE 创业过程模型的四个要素，即机
会的需求（Demand）、发现（Discovery）、评价（Evaluation）、利用（Ex-
ploitation）的关系（吴凌菲等，2007）。④产业集群内企业创业过程合法
问题（俞园园等，2014）。

（2）创业过程相关的案例。①从机会识别、开发与资源整合角度，

分析壹基金的社会创业过程研究（李华晶等，2010）。②调查云南白族旅游区的小炉匠、小木匠怎样在政府的支持下创业的过程（徐红罡，2014）。政府在品牌和营销上扶持白族企业家创业，而创业者从个人技艺水平、荣誉、品牌效应、社交能力等构建核心个人资源，提升人力资本。

（3）中国企业创业学习：维度与检验（陈文婷等，2010）。

（五）创业型经济

1. 创业活动与经济增长的关系（张建英，2012）

创业政策促进创业活动、推动经济增长的作用机理，激发创业动机、提供创业机会和培育创业技术（方世建等，2009）。房地产行业对于创业活动的挤出效应（林嵩，2012）。

2. 相关概念

（1）创业经济学的概念考察（陈世清，2003）。（2）创业型经济的概念（姚毓春等，2011）。（3）创业型经济的构成要素。知识和创业家精神是核心生产要素，中小企业是微观经济基础，市场经济是其植根的制度基础，发展创业经济，完善创业教育培育体系、扶持机制和多元化的融资平台（赵绚丽，2012）。

（六）创业模式

以技术为基础的创业模式可以分为：（1）自主创新与技术模仿等模式（董洁林，2013）。顶级"海归"常常以"自主创新"模式来从事最新技术产品开发。（2）科技企业孵化器社会网络创业模式（张炜等，2008），通常在高新区存在。（3）专利获股权方式，即股权转换、自主创业、授权许可，区分的不同创业模式（秦兴俊等，2009）。（4）高新技术产业集群创业模式（庞艳桃，2005）。（5）技术型衍生公司、自行创立公司、合作创业公司（严志勇等，2003）。

这些模式并不互相矛盾，有些是互补的。因为它们从不同侧面供述了创业活动。

（七）创业模型

1. 现有模型

（1）制度创业的前沿研究与经典模型（张玉利等，2009）；巩县胜等（2014），分析国际市场进入模式与国际创业绩效的关系时，基于动态能力理论和制度理论，运用层次回归分析方法。（2）基于 Timmons 创业要素模型的创业经验（李雪灵等，2009）。

2. 新创模型

（1）三随机参数下完整的创业企业复合实物期权方式的定价模型（房四海，2003）。（2）发展创业型经济的路径模型（李政等，2008）。（3）创业企业基于生命周期的治理结构动态演进模型（刘志阳等，2007）。（4）基于机会、战略、成长分析框架的两类创业成长模型——要素均衡模型和要素导向模型（林嵩，张帏，姜彦福，2007）。（5）创业决策形成的微观因果模型：创业警觉性和先验知识是机会识别的直接影响因素，进而影响创业决策（苗青，2009）。（6）创业网络的概念发展——系统主体、系统属性、系统产出的三维模型（林嵩，2009）。（7）基于最优停时理论的创业投资退出决策模型（李钰等，2008）。（8）创业者与创业投资家信任的五维结构模型（易朝辉，2011）。（9）CPSED 的创业活动影响因素模型：初始信任、计算型信任、基于个体的了解型信任和基于组织的了解型信任，基于情感的认同感知的创业风险，创业资本的可获得性，创业环境的支持性（张玉利等，2012）。（10）创业补贴下农民工寻租行为的博弈分析（杨锦秀等，2012）。

（八）创业决策

1. 创业决策方式

（1）因果逻辑创业与效果逻辑创业。这是两种不同的创业决策方式（张玉利，2011；郑秀芝，2012；段锦云等，2010）。（2）四种不同的创业决策方式，即因果逻辑、效果逻辑、即兴而作、探试决策，对应着四种不同的创业情境（郑秀芝，2012）。

2. 创业决策模型

（1）四个创业决策概念模型（郑秀芝，2011）。创业机会—机会识别—创业决策模型、风险感知—风险倾向—创业决策模型、创业环境—机会认知—创业决策模型、环境不确定—效果推理—创业决策模型。（2）创业环境—创业机会认知—创业决策概念模型（张帏等，2007）。创业机会认知：文卡特曼（Venkatraman）的机会创造观点，谢恩（Shane）等人的机会发现观点，莎拉斯瓦蒂（Sarasvathy）的机会识别观点；创业者的三种不同创业环境：结果已知、概率已知；结果已知、概率未知；结果与概率均未知。（3）学习—认知—决策的创业决策概念模型（杨俊，2014）。创业警觉性和先验知识是机会识别的直接影响因素，机会识别与创业决策相连（苗青，2009）。文化价值观（权力距离、个人主义）通过创业认知（创业准备脚本、创业意愿脚本、创业能力脚本）影响个体对于创业决策（张秀娥，2012）。（4）领先还是模仿——基于商业知识溢出的创业决策机制分析（齐玮娜等，2014）。新产品较大的需求规模和领导者商业知识溢出率的下降，创业者领先更有利；在技术差异较小，商业知识溢出较高时，创业者模仿更有利。基于高技术产业集群的模仿创业决策机理模型（蔡莉等，2008）。（5）以高科技水平和创业管理水平两个变量，建立企业创业决策的最优控制模型（桂萍，2007）。

3. 创业决策的影响因素

（1）风险感知和风险倾向对创业决策的影响（刘万利，2010；沈科薇，2009；陈震红，2004；马昆姝，2008）。（2）宏观创业环境（技术、融资、税收、导向、政治、文化），创业者个人特征等是创业决策的影响因素（沈科薇，2009；陈震红，2004）。（3）创业者禀赋，创业者预期回报（陈震红，2004）。（4）创业动机（成就、挑战、财富），机会评价（创业启动金、预期收益、竞争者情况、外部资源；沈科薇，2009）。（5）返乡农民工创业决策的影响因素。打工经历、专业技能、教育程度（熊智伟等，2011；杨其静，2010），财富需求、可支配财富、创业启动金（熊智伟等，2011），政府应杜绝腐败，提高办事效率，自雇型创业而非规模型创业是最有效的帮助对象（杨其静，2010）。（6）创业自我效能（马昆姝，2008）。

（九）创业融资

1. 控制权与契约

（1）美国式创业融资契约符合最优创业融资合约理论，使创业资本家的融资激励与创业家的商业利益协调一致，能较好地解决代理及激励问题，但在中国存在障碍（徐姗姗，2006）。（2）薛永基等（2008）研究创业融资控制权时，在外部设立预警系统，在内部设立监控系统，从而根据不同的内、外部条件，实施不同的控制权，以确保企业经营与外部环境相适应，并有效避免创业者的道德风险（主要是低报最终利润）。如果企业的业绩不佳，投资者可以获得完全的控制权；如果企业的业绩非常好，企业家拥有所有的控制权。

2. 创业融资体系与政策

（1）以色列成功的科技创业融资政策启示我们，要规避创业企业的"死亡陷阱"，措施包括改善技术孵化器运营，加强科技创业、国际合作，引导社会资本投资（吴汉荣，2013）。（2）推动社会网络的发展，提升社会资本。信息不对称和创业计划未来的高度不确定性，造成资金供需双方的交易困难（林剑，2006）；社会网络作用于创业融资，信息机制、互惠机制和文化认同机制（林剑，2006），促进创业；秦志华等（2002）以企业家能力、物质财富、社会资本为变量，构建了社会资本融资作用机理的理论模型。（3）解决创业融资难问题的政府对策。建立诚信档案，加强法规建设与支持行业协会发展，促进产业集群发展（崔祥民等，2010），政府、金融机构、创投机构、创业企业之间不同组合方式（崔祥民等，2010；葛宝山等，2013）及不同生命阶段创业企业贷款组合模型（迟建新，2009）。

3. 风险资本融资

（1）"海归"人员创业融资的难题。如某先生在国内无法获得风投，但在国外获得风投，最终创业成功的医疗产品创业案例，指出国内风投行业存在的问题（杨海，2008）。（2）基于自组织理论的创业金融体系，要鼓励创新、放松准入限制、扶持关键机构、改善金融环境（赵洪江等，2009）。

（十）创业投资

1. 创业投资主体

创业投资基金运作机制的制度经济学分析（张东生等，2000）；创业投资事业的发展与现代投资银行的作用（沈沛，2000）；风险投资家为什么能够提高企业的价值？如何计算外部融资的最佳数量（杨蒙莺，2005）？

2. 创业投资回报率

我国创业投资机构的资本规模与回报率呈显著负相关关系，国有创业投资机构退出项目的平均投资回报率显著低于非国有创业投资机构，上海、深圳两地创业投资机构退出项目的回报率显著高于其他地区（张帏等，2007）；IPO 初始回报与创业投资参与正相关（蒋健等，2011）。

3. 创业期权

（1）创业期权既可以是实物期权，也可以是金融期权，常见的创业期权包括成长期权、延迟期权、放弃期权、清算期权、可转换优先股、股票期权等。创业期权的管理能够提升企业价值（田增瑞，2003；朱爱萍，2004）；创业投资整个生命周期的决策，都可以利用期权来分析（任玉珑，2003）。（2）增长期权。风险投资者利用此期权价值来评价创业公司价值（颜秋许，2004）。（3）创业退出期权。李钰等（2008）利用最优停时理论建立了相应模型。

4. 创业投资的税收与激励

创业投资既有显性激励机制，也有隐性激励机制（田增瑞，2009），前者如税收激励政策（申嫦娥，2010）。事实证明，中国创业投资企业税收较重（周煊等，2012）。

5. 其他研究主题

创业资本融资来源与投资特点的国际对比研究（王东静，2006）；创业投资的发展演化与运行机制（康恩才，2008）；创业者与创业投资家的五维信任结构（易朝辉，2011）；浙江温州的创业型跨区域投资现象（刘亚玲，2005）用创业理论进行的深刻分析。

（十一）创业集群

1. 集群内个体

中关村留学人员创业企业发展的瓶颈（张帏，2007）；大企业衍生创业对创业集群形成的影响（李小康等，2013）。

2. 集群内关系

基于高技术产业集群的模仿创业决策机理研究（蔡莉等，2008）；创业合作中的信任—承诺—风险（王重鸣等，2003）；创业企业与产业集群的互动关系（郭建莺等，2005）。

（十二）创业资源与环境

1. 人力资本密集型企业的创业环境

创新型的教育体系，完善资本市场和多样化的融资渠道，健全的知识产权制度体系（蔡晓珊等，2014）。

2. 基于中国孵化产业的网络交互模式与创业支持类型分析

商务支持通过与孵化器的直接联系获得，技术支持依托孵化器的中介作用，间接联系获得（胡海青等，2012）。

3. 基于异质性资源整合的创业资源获取

其创造新效用的能力支持了不少白手起家者（秦志华等，2011）。

（十三）创业绩效

1. 重要创业概念与创业绩效

（1）制度环境对国际创业绩效的影响（黄胜等，2011）。（2）基于动态能力的企业社会资本与创业绩效关系（杜建华等，2009）。（3）资源整合能力、创业导向与创业绩效的关系（易朝辉，2010）。（4）创业企业架构能力、元件能力与绩效关系（姜彦福等，2010）。（5）社会资本与创业团队绩效的改进（陈忠卫等，2007）。（6）国际市场进入模式与国际创业绩效（巩县胜等，2014）。

2. 创业泛绩效

创业能促进我国技术进步及效率提高（李政等，2009）；"海归"创业经营业绩比民营企业更好（刘青等，2013）。

（十四）政府行为与政策

1. 扶持的必要性与困难

创业需要政府扶持（王松奇，2002），创业扶持政策面临挑战（郑风田等，2007），如何完善中小企业创业创新政策呢（辜胜阻，2007）？

2. 如何扶持

引导社会资本参与创业风险投资，构建国家创业风险投资管理信息系统（MIS），建立多层次资本市场，实施创新的财税扶持政策和金融扶持政策（王玉春，2008）；基于"技术—经济"范式，在人力资源策略和技术策略上下功夫（张茉楠，2007）；扶持自主创业群体的策略（杨怀印等，2009）。

3. 政策绩效

基于政府行为—创业环境—创业绩效研究路径，研究政府行为如何促进创业活动（卢福财，2009）；政府创业投资引导基金的引导效应分析（杨敏利等，2014）；创业政策对技术创业影响的实证研究（张钢等，2008）。

三、文献评述

（一）国外研究文献评述

国外研究方法较为先进，主要学术思想与观点为国内研究人员广泛借鉴。当然，国内研究人员在国外重要期刊发表的文章呈逐年上升趋势，创业研究成果越来越引人注目。

我们认为：（1）国外创业研究从不同学科分工出发的专业研究较为深入，但跨学科的综合性研究还不多。西方心理学、社会学、管理学、经济学（含金融学）等学科均从本学科出发深入研究创业问题。但是，现有创业研究，没有对创业前后统一考虑，也没有将融资、投资、生产、消费、风险管理等纳入统一研究框架。（2）部分外生变量的假定与现实不符。假定创业者风险中立，忽略了投资者进行公司投资时的谨慎性需求，如风险管理的需求；将不可交易的业务收入作为外生变量，而不是作为内生变量来研究；将业务进入（即创业）与退出作为既定的外生变量，而不是内生变量。本研究则在动态局部均衡的分析框架内，考虑创业者进行风险管理的现实，且将业务收入、业务进入与退出内生化，考虑的现实因素更多，更具操作性，且更具系统性。

（二）国内研究文献述评

国内对创业的研究无论是学科来源、学术观点、学术方法，还是学术团队，发展迅速，与国际创业研究的发展合拍。总体上来说，在与国外开展学术交流、论文发表等方面，我国创业研究人员的学术地位不断上升。然而，国内研究也存在以下不足：（1）尽管国内实证研究方法主要集中在假设检验、探索性因子分析、结构方程（SEM）、AHP方法等方面，但是，一方面，这些方法受困于数据获取，另一方面，也无法开展创业动态局部均衡与模式方面的复杂研究。（2）理论或概念建模较少，且建模后数量分析不充分。（3）在国际宏、微观经济学以及管理学等领域的动态随机革命已经发生十多年的学术背景下，国内创业研究还没有应用这些方法，在理论发展上是不完整的。

（三）项目群述评

首先，国家自然科学基金管理学科组一处的"管理科学与工程"，除了 2005 年高建的"中国经验的创业过程理论研究"立项外，近十年来，均没有创业类研究项目立项。其次，国家自然科学基金管理学科均没有"高科技创业动态局部均衡机制"这类研究的立项项目。

（四）研究评述

本研究主要从以下方面对现有国内外研究有所促进。

1. 跨学科研究方面

本书能够结合经济学、数学等的最新研究成果，将较多的经济变量与参数纳入模型中，提高系统解决复杂问题的能力。

2. 吸收借鉴现有国内外文献的精髓，考虑创业的异质风险

通过实物期权来研究业务进入或退出，求解最优动态 HJB 方程，局部均衡分析，等等，为创业研究提供了新的方法，打开了新的思路。

四、本研究的未来发展趋势

（1）推动国内创业研究从注重实证研究，适度向原创性的建模方向发展。国外顶级期刊发表的实证研究，往往自己编写程序，运用的实证技术是原创性的、先进的。近年来，在建模数量有限的情况下，实证的先进性越来越难保证，由于受数据的可获得性、有效性及数据处理的影响，研究结果往往也要打折扣。这种背景下，越来越多的经济学家开始建模，如芝加哥大学的何治国、哥伦比亚大学的王能，都以建模立足于美国经济学界。（2）高科技如何创业？高科技创业需要哪些政策与环境？国家如何促进高科技创业？国家创业体系的地位如何？如何构建？（3）行业研究。如在线教育、新能源、医疗、电信、新材料、生物、"互联网 +"等，不同的行业，其动态随机局部均衡机制有哪些特征？需要哪些支持措施与政策环境？

第二章

动态随机局部均衡模型的建立与分析

建模是本书研究的重要基础，是各种命题的核心逻辑所在。

第一节　动态随机模型的建立

一、模型所考察的主要变量与参数及逻辑含义

我们需要用简洁的表来集中展示所有的变量和参数，这样在后面复杂的推导过程中，可以跟踪变量的含义，加深理解。这些变量也集中展示了模型所要研究的问题和数据来源。同时，我们标注了国外同行的英文说法。

表2.1要注意以下几点：（1）参数的值是可以调整的，变量的值是由可调整数值的参数决定的。（2）参数是一种数学抽象，如何认识参数的含义，需要将参数与现有创业研究成果联系起来。如：①西方经济学里面的相对风险厌恶，与创业研究中的风险感知、管理学的风险管理、金融学的风险管理都是紧密联系的，不同的学科强调的重点不同；②创业研究中的社会网络概念，从经济功能上看，降低了相对风险厌恶与可调整成本；③减税政策，对应于降低无风险利率。

表 2.1 　　　　　　　　　　模型变量及参数的含义

变量	经济含义	参数	经济含义
K	资本存量（Capital stock）	r	无风险利率，如我国的银行存款利率、美国的国债利率（Riskfree rate）
A	累积生产率冲击（Cumulative productivity shock）	u_R	预期市场资产组合回报率（Expected return of market portfolio）
Y	累积运营利润（Cumulative operating profit）	σ_R	市场资产组合回报率的波动性（Volatility of market portfolio）
W	金融财富（Financial wealth）	$u_R - r$	股权风险溢价（Aggregate equity risk premium）
J	创业后的价值函数（Value function after entry）	η	市场夏普比率（Market Sharpe ratio）
F	创业前的价值函数（Value function before entry）	ζ	主观贴现率，今年的 1 元钱等于明年的多少钱（Subjective discount rate）
V	创业退出后的价值函数（Value function after exiting）	θ	调整成本参数，反映创业间接成本（Adjustment cost parameter）
P	创业后的确定等价性财富（Certainty equivalent wealth after entry）	δ	折旧率（Depreciation rate）
E	创业前的确定等价性财富（Certainty equivalent wealth before entry）	u_A	生产率冲击均值（Mean productivity shock）
Q	企业主以私有信息评估的企业价值（Private enterprise value）	σ_A	生产率冲击波动性（Volatility of productivity shock）
h	有效风险厌恶（Effective risk aversion）	ρ	市场资产组合冲击与公司生产率冲击的相关性（Correlation between market and firm）
X	市场资产组合分配（Market portfolio allocation）	ε	异质风险波动性（Idiosyncratic volatility）
C	消费（Consumption）	γ	相对风险厌恶（Relative risk aversion）
I	固定资产投资，会有折旧（Business investment）	ψ	跨期替代弹性（Elasticity of intertemporal substitution）
$\underline{W}$	清算边界：破产或者被收购（Liquidation boundary）	ℓ	资本清算回收率（Capital liquidation price）

变量	经济含义	参数	经济含义
$\overline{W}$	静态的进入门槛（对应于欧式期权）（Static entry threshold）	Φ	固定创业成本（Fixed start-up cost）
$\hat{W}$	弹性的进入门槛（对应于美式期权）（Flexible entry threshold）	$\prod$	不创业时的劳动收入贴现总额
K^*	最优初始资本存量（Optimal initial capital stock）		
m	财富的边际消费倾向（MPC out of wealth）		
ξ	内部回报率		
α	异质风险溢价		

资料来源：根据创业模型的参数与变量进行整理。

以下变量与参数能够体现行业特点或者反映中、美差异：①调整成本。中国的投资调整成本相对较高，但是，"互联网＋"中，网店的调整成本较低。②无风险利率。中国的无风险利率相对较高，因为中国银行存款利率比美国高。③资本清算回收率。中国资本清算回收率较低，美国相对较高。④固定创业成本。办工厂，则固定创业成本高；办网站，则固定创业成本低。固定创业成本低，有利于创业。⑤其他参数。

表 2.1 中的变量与参数的逻辑关系至少有以下几点值得我们考察：①相对较低的风险厌恶对投资、消费、资产组合、异质风险溢价、企业私人企业价值 q 等有什么影响？风险在创业研究中被心理学、经济学、社会学研究，这些研究结论可以吸收进本模型。②如何通过调整参数值来降低创业进入门槛 $\overline{W}$ 或 $\hat{W}$，从而促进创业？③金融财富 W，它的价值变化有什么规律？如何管理金融财富？④创业进入与创业退出的内在联系是什么？⑤创业融资：债务融资与资本融资对创业进入、创业退出、投资有什么影响？⑥资本清算回收率、固定创业成本、调整成本参数等对创业动态局部均衡运行机制有何影响？⑦其他需要考察的关系。

二、动态随机局部均衡建模所使用的效用函数的分析

非预期的齐次递归效用函数 $J_t = E_t \left[\int_t^{\infty} f(C_s, J_s) \, ds \right]$。效用函数形式有多种，如指数形式、幂函数形式；风险厌恶的度量，可以用相对风险厌恶来度量，也可以用绝对风险厌恶来度量。我们将分析：为什么使用非预期的齐次递归效用；概念的由来，含义，主要特点；主要参数；应用事例等。式子 $J_t = E_t \left[\int_t^{\infty} f(C_s, J_s) \, ds \right]$ 中的 J 是效用，C 是消费，f(C, J) 是 Epstein - Zin 非预期的齐次递归效用函数。$f(C, J) = \dfrac{\zeta}{1 - \varphi^{-1}} \times \dfrac{C^{1 - \psi^{-1}} - ((1 - \gamma)J)^x}{((1 - \gamma)J)^{x-1}}$ 其中，$x = \dfrac{1 - \psi^{-1}}{1 - \gamma}$。$\gamma$ 是相对风险厌恶的系数，ζ 是代理人的主观贴现率，ψ 是跨期替代弹性（EIS）。

$$J_t = E_t \left[\int_t^{\infty} f(C_s, J_s) \, ds \right] \tag{1}$$

$$f(C, J) = \frac{\zeta}{1 - \varphi^{-1}} \times \frac{C^{1 - \psi^{-1}} - ((1 - \gamma)J)^x}{((1 - \gamma)J)^{x-1}} \tag{2}$$

$$x = \frac{1 - \psi^{-1}}{1 - \gamma} \tag{3}$$

三、动态随机局部均衡的基本方程分析

这里有 7 个重要的经济学微分方程，涉及资本变动、营业收入变动、投资调整成本、生产率冲击、资产组合投资回报冲击等主要经济变量。

1. 资本变动方程分析。K_t 是 t 时刻的资本存量，I_t 是 dt 时刻的投资，δ 是折旧率。这是经济学微分分析时的基本方程。

$$dK_t = (I_t - \delta K_t) \, dt, \quad t \geq 0 \tag{4}$$

此处资本的变动，采用的是现代会计准则，因而需要考虑折旧。如果是现金收付制的会计制度，则不需要考虑折旧。

2. 投资回报冲击方程分析。A_t 是投资回报冲击，μ_A 是投资回报的均值，σ_A 是投资回报的波动性，Z 是布朗运动。投资回报是时间的函数，随机函数。

$$dA_t = \mu_A dt + \sigma_A dZ_t \qquad (5)$$

本方程的理解较国外同类方程更加符合实际。在国外文献中，dA 被仅仅当作技术冲击。结合方程（6）中 $K_t dA_t$ 的表述，我们修改其变量含义的表述。投资回报受到技术、市场、管理等诸多因素的影响。特别是对于创业企业来说，这种回报的随机性要远远大于成熟企业，因为成熟企业的回报往往是稳定的，垄断往往有利于这些企业回避投资风险。

3. 营业收入变动方程分析。Y_t 是运营收入，由资本带来的收入减去投资 I_t 和调整成本 $G(I_t, K_t)$。营业收入的微分，由技术进步的冲击，减去投资的时间成本，减去伴随投资的调整成本。

$$dY_t = K_t dA_t - I_t dt - G(I_t, K_t) dt \qquad (6)$$

这是本研究比较关键的方程。另外，如何理解 dA_t？仅仅是技术进步吗？当然技术进步带来本企业的收入变动确实可能是随机的。譬如：本企业并没有进步，而别人的技术进步却给自己带来了消极影响；或者，虽然本企业技术有进步，但是，大规模技术改造，反面会带来巨大损失。考虑到市场、政策、国际等因素都会对收入产生影响，所以，在此处，dA 指投资回报。此外，投资收入在投资完成后，即使技术没有进步，也能够产生收入。此处的收入 Y，主要是反映企业税后利润。所以，把方程（6）中的 dA，看成投资回报的波动较为科学，而技术进步是其重要内容。这样分析比较符合实际。

对于"互联网＋"情形，这个方程是适合的。

4. 投资调整成本分析。调整成本是投资增量与资本存量 K 的一阶齐次函数。θ 是调整成本参数，θ 越高，成本越高。$i = I/K$，是投资资本比率，$g(i)$ 是递增的，凸函数。

$$G(I, K) = G\left(\frac{I}{K}, 1\right)K = g(i)K, \ i = \frac{I}{K} \qquad (7)$$

$$g(i) = \frac{\theta i^2}{2} \qquad (8)$$

5. 创业者的资产组合投资回报分析。μ_R 是创业者市场投资组合回报随机过程的均值，σ_R 是波动性，B 是标准的布朗运动。ρ 是生产率冲击与市场资产组合回报冲击之间的相关系数。$|\rho| < 1$，企业风险不能完全对冲，非分散化风险才会在决策和私人估值中起作用。

$$dR_t = \mu_R dt + \sigma_R dB_t \qquad (9)$$

对于方程（9），我们后面要在此基础上进行细化。

6. 夏普比率基本公式。η 是市场资产组合投资的夏普比率，衡量的是市场上的资产组合投资平均回报大小与其承担的风险大小的关系，高风险高收益，平均收益与其波动性的关系是线性的。

$$\eta = \frac{\mu_R - r}{\sigma_R} \qquad (10)$$

四、创业者创业前后的财富变动分析

我们每个阶段都有这个阶段特殊的财富变动方程，前后三个阶段，共三个方程。

1. 创业者创业前 T^0 是创业时间的财富积累方程，见式（11）。

W_t 是金融财富，在创业中起着重要作用。X_t 是投资于风险资产的数量，$W_t - X_t$ 投资于无风险资产。B_t 是资产组合投资回报率冲击中的布朗运动，资产组合投资回报由均值回报 $\mu_R X_t dt$ 和波动性回报 $\sigma_R X_t dB$ 两部分组成。C_t 是消费，$\prod$ 是永不创业时，以后各年工资收入的贴现值之和。创业者作为打工者，其收入由无风险资产、风险资产及工资收入构成，减去消费。

$$dW_t = r(W_t - X_t)dt + \mu_R X_t dt + \sigma_R X_t dB_t - C_t dt + r\prod dt, \ t < T^0$$

$$(11)$$

很明显，金融财富的变动由无风险资产收入、风险资产收入、未来所有工资收入贴现总值带来的无风险收入，减去消费。这个方程有两点值得深入思考：有当期的可持续的收入，而不是 $r\prod$ 。其实，当你假设收入持续不断地增加，每年增加额即是该项。对于工资收入是随机波动的情形，则不是本研究所考虑的。

对于 $r\prod$ ，我们以下面的计算为例。（1）假设 $r=0.05\%$ ，而工资的年增加额为10%，工作30年，则 $r\prod$ 为3.8乘以初始工资。这个数值与实际的年变动额0.10乘以初始工资有较大出入。（2）假设14年工资增加了5倍，则年工资增加约12%。不同行业的工资增加幅度是不一样的，劳动密集型工资增加的幅度较小。

所以，模型中将年收入资本化，再求年回报率的方式，并不符合工资收入的特点，应该使用现有工资基础上的年增加额。这个数字是变动的，对创业活动会产生影响。

2. 创业者创业后的财富变动分析，见式（12）。

T^0 是创业起点，T^1 是创业终点。创业后，营业收入取代了原来的工资收入。创业者的财富变动由无风险资产收入、风险资产组合收入、营业收入，以及消费支出构成。风险资产组合收入由均值回报 $\mu_R X_t dt$ 和波动性回报 $\sigma_R X_t dB$ 两部分组成。

$$dW_t = r(W_t - X_t)dt + \mu_R X_t dt + \sigma_R X_t dB_t - C_t dt + dY_t, \quad T^0 < t < T^1 \qquad (12)$$

dY 是由方程（6）决定的，考虑了投资回报、新增投资、资本折旧、投资固定成本等因素。

3. 创业者创业退出后的财富变动分析，见式（13）。

此时，创业者依靠过去的财富进行消费和资产组合投资，没有营业收入，也没有工资收入。此时的财富变动由无风险资产收入和风险资产组合投资回报收入，以及消费性支出构成。资产组合投资回报由均值回报 $\mu_R X_t dt$ 和波动性回报 $\sigma_R X_t dB$ 两部分组成。

$$dW_t = r(W_t - X_t)dt + \mu_R X_t dt + \sigma_R X_t dB_t - C_t dt_t, \quad T^1 < t \qquad (13)$$

这些方程，在后面建立最优化 HJB 方程时，都要应用到。

第二节 模型分析

一、不完全市场条件下，创业者创业前后的生产、消费、投融资局部均衡分析

根据西方动态博弈论的分析动态问题的经验，我们采用从未来向现在的时间次序进行分析。在研究创业前、中、后三个阶段，根据博弈论的分析精神，我们采用倒推法。即先求出退休后的最优方程，得到相关约束变量的值；接着根据约束条件，推导创业中的最优化方程，确定关键变量的值；最后，确定创业前的最优化方程。这样从后往前推导，如果每一步都达到了最优，那么，整个过程也就达到了最优。创业者的价值函数符号，我们分别采用 F、J、V，以便于区分不同的创业状态。创业前的价值函数是 F，创业后的价值函数是 J，创业退出后的价值函数是 V。

（一）HJB 方程的建立

J（K，W）代表创业者的价值函数，创业者的消费 C，实业投资 I，风险资产组合投资金额 X，Hamilton – Jaccobi – Bellman 方程如下：

$$
\begin{aligned}
0 = \max_{C,I,X} f(C, J) & + (I - \delta K) J_K + (rW + (\mu_R - r) X \\
& + \mu_A K - I - G(I, K) - C) J_W \\
& + \left(\frac{\sigma_A^2 K^2 + 2\rho \sigma_A \sigma_R KX + \sigma_R^2 X^2}{2} \right) J_{WW}
\end{aligned}
\tag{14}
$$

1. $(I - \delta K)J_K$ 中 J_K 系数的推导

由 $dK_t = (I_t - \delta K_t)dt$，$t \geq 0$，推导出：$dK_t / dt = I_t - \delta K_t$

2. $(rW + (\mu_R - r)X + \mu_A K - I - G(I, K) - C)J_W$ 中，J_W 系数的推导

由式 $dW_t = r(W_t - X_t)dt + \mu_R X_t dt + \sigma_R X_t dB_t - C_t dt + dY_t$，$T^0 < t < T^l$

$dY_t = K_t dA_t - I_t dt - G(I_t, K_t)dt$ 得到下式

$$dA_t = \mu_A dt + \sigma_A dZ_t$$

得到下式

$$dW_t = rW_t dt + (\mu_R - r)X_t dt + \sigma_R X_t dB_t - C_t dt$$
$$+ K_t(\mu_A dt + \sigma_A dZ_t) - I_t dt - G(I_t, K_t)dt$$

即

$$dW_t = rW_t dt + (\mu_R - r)X_t dt - C_t dt + K_t \mu_A dt + K_t \sigma_A dZ_t$$
$$- I_t dt - G(I_t, K_t)dt + \sigma_R X_t dB_t + K_t \sigma_A dZ_t$$

所以

$$dW_t / dt = rW_t + (\mu_R - r)X_t - C_t + K_t \mu_A - I_t - G(I_t, K_t)$$

3. $\left(\dfrac{\sigma_A^2 K^2 + 2\rho\sigma_A \sigma_R KX + \sigma_R^2 X^2}{2} \right)J_{WW}$ 中，J_{WW} 系数的由来

通常来说，最优控制的 HJB 方程并没有 J_{WW} 这一项。但是，当最优过程含有动态随机过程时，则需要加上此项。这是两个随机变量的最优控制的 HJB 方程。缘于

$dW_t = rW_t dt + (\mu_R - r)X_t dt - C_t dt + K_t \mu_A dt + K_t \sigma_A dZ_t - I_t dt - G(I_t, K_t)dt + \sigma_R X_t dB_t + K_t \sigma_A dZ_t$ 中的随机项 $\sigma_R X_t dB_t + K_t \sigma_A dZ_t$，产生了 $\dfrac{\sigma_A^2 K^2 + 2\rho\sigma_A \sigma_R KX + \sigma_R^2 X^2}{2}$。

（二）创业后价值函数 J 函数分析

因为我们的 HJB 方程的建立是从效用函数的偏微分开始的，所以效用函数是本研究的重要基础。在讨论完存在市场摩擦时的情形后，我们

还要讨论完全市场条件下的情形，并进行比较分析，以计算福利损失等信息。

1. 基本假设

$$J(K, W) = \frac{(bP(K, W))^{1-\gamma}}{1-\gamma} \tag{15}$$

这里的 J 是创业者创业后的价值函数。P(K, W) 是确定性等价的财富，即创业者放弃资本为 K 的企业和流动性财富 W，在效用不变的情况下，其对应于拥有总财富 P(K, W)。式（14）中，b 是参数。

$$b = \zeta \left[1 + \frac{1-\varphi}{\zeta}\left(r - \zeta + \frac{\eta^2}{2\gamma} \right) \right]^{1/(1-\varphi)} \tag{16}$$

2. J 的一阶二阶层数

$$J_K(K, W) = b^{1-\gamma} \cdot P^{-\gamma}(K, W) \cdot P_K(K, W)$$
$$= b^{1-\gamma} \cdot p^{-\gamma}(w) \cdot K^{-\gamma} \cdot [p(w) - wp'(w)] \tag{17}$$

$$J_W(K, W) = b^{1-\gamma} \cdot P^{-\gamma}(K, W) \cdot P_w(K, W)$$
$$= b^{1-\gamma} \cdot p^{-\gamma}(w) \cdot K^{-\gamma} \cdot p'(w) \tag{18}$$

$$J_{WW}(K, W) = b^{1-\gamma}K^{-\gamma}\left(p''(w) \cdot \frac{1}{K} \cdot p^{-\gamma} + (-\gamma) \cdot p(w) \right)^{-\gamma-1} \cdot \frac{1}{K}(p'(w))^2$$
$$= b^{1-\gamma}K^{-\gamma-1}\left[p''(w) \cdot p^{-\gamma}(w) - \gamma \cdot (p(w))^{-\gamma-1} \cdot (p'(w))^2 \right]$$
$$\tag{19}$$

$$\frac{J_W}{J_{WW}} = \frac{p^{-\gamma}(w) \cdot p'(w)}{p''(w) \cdot p^{-\gamma}(w) - \gamma \cdot (p(w))^{-\gamma-1} \cdot (p'(w))^2} \cdot K$$
$$= \frac{p(w) \cdot p'(w)}{p''(w) \cdot p(w) - \gamma \cdot [p'(w)]^2}K \tag{20}$$

上述推导过程，要用到下面一些公式。

3. $J(K, W) = \dfrac{(bP(K, W))^{1-\gamma}}{1-\gamma}$ 中，P(K, W) 及其层数

$$w = \frac{W}{K}$$

$$P(K, W) = p(w) \cdot K \tag{21}$$

$$P_K(K, W) = p'\left(\frac{W}{K}\right) \cdot \frac{-W}{K^2} \cdot K + p(w) = p(w) - wp'(w) \qquad (22)$$

$$P_W(K, W) = p'\left(\frac{W}{K}\right) \cdot \frac{1}{K} \cdot K = p'(w) \qquad (23)$$

$$P_{WW}(K, W) = \frac{1}{K}p''(w) \qquad (24)$$

利用这些式子，我们将求解 HJB 方程。HJB 方程可能没有解析解，这就需要利用数值分析方法来求解，例如有限差分法、有限元法等。本研究使用的是有限差分法。

（三）HJB 方程求解

根据动态随机最优控制的相关理论，我们求解 HJB 方程，可以从方程对 C、I、J 的层数开始。

1. 对消费 C 求导

HJB 方程对 C 求导

$$f_C(C, J) = J_W(K, W) \qquad (25)$$

也就是说，f_C 的边际消费效用与 J_W 的边际财富效用是相等的，很直观。

$$J_W(K, W) = b^{1-\gamma} \cdot P^{-\gamma}(K, W) \cdot P_w(K, W)$$

$$= b^{1-\gamma} \cdot p^{-\gamma}(w) \cdot K^{-\gamma} \cdot p'(w)$$

$$f(C, J) = \frac{\zeta}{1-\psi^{-1}} \times \frac{C^{1-\psi^{-1}} - ((1-\gamma)J)^x}{((1-\gamma)J)^{x-1}} \quad 其中，\ x = \frac{1-\psi^{-1}}{1-\gamma}$$

$$f_C(C, J) = \zeta \times \frac{C^{-\psi^{-1}}}{((1-\gamma)J)^{x-1}}$$

所以有

$$J_W(K, W) = b^{1-\gamma} \cdot p^{-\gamma}(w) \cdot K^{-\gamma} \cdot p'(w)$$

$$= \zeta \times \frac{C^{-\psi^{-1}}}{((1-\gamma)J)^{x-1}} = f_C(C, J)$$

推导出

$$C^{\psi^{-1}} = \zeta \times \frac{b^{\gamma-1} \cdot p^{\gamma}(w) \cdot K^{\gamma} \cdot [p'(w)]^{-1}}{((1-\gamma)J)^{x-1}}$$

由于 $J(K, W) = \dfrac{(bP(K, W))^{1-\gamma}}{1-\gamma}$

从而有

$$C = \zeta^{\psi} \times \frac{b^{\psi(\gamma-1)} \cdot p^{\gamma\psi}(w) \cdot K^{\gamma\psi} \cdot [p'(w)]^{-\psi}}{(1-\gamma)^{(x-1)\psi} J^{(x-1)\psi}}$$

$$= \zeta^{\psi} \times \frac{b^{\psi(\gamma-1)} \cdot p^{\gamma\psi}(w) \cdot K^{\gamma\psi} \cdot [p'(w)]^{-\psi}}{b^{(1-\gamma)(x-1)\psi} [p(w)]^{(1-\gamma)(x-1)\psi} K^{(1-\gamma)(x-1)\psi}}$$

将 $(1-\gamma)(x-1)\psi = (1-\gamma)\dfrac{\gamma-\psi^{-1}}{1-\gamma} \cdot \psi = \gamma\psi - 1$ 代入上式，得到

$C = \zeta^{\psi} b^{1-\psi} \cdot p(w) \cdot [p'(w)]^{-\psi}$，结合 $C = c/K$

得到： $\qquad c(w) = \zeta^{\psi} b^{1-\psi} \cdot p(w) \cdot [p'(w)]^{-\psi}$ （26）

设 $c(w)$ 对应的边际消费为 m，即 $m = \zeta^{\psi} b^{1-\psi}$

这样 $c(w)$ 又有另一形式的表达式：

$$c(w) = m \cdot p(w) \cdot [p'(w)]^{-\psi} \qquad (27)$$

由于 $\qquad b = \zeta\Big[1 + \dfrac{1-\varphi}{\zeta}\Big(r - \zeta + \dfrac{\eta^2}{2\gamma}\Big)\Big]^{1/(1-\varphi)}$

所以

$$m = \zeta^{\psi} b^{1-\psi} = \zeta^{\psi}\Big\{\zeta\Big[1 + \dfrac{1-\varphi}{\zeta}\Big(r - \zeta + \dfrac{\eta^2}{2\gamma}\Big)\Big]^{1/(1-\psi)}\Big\}^{1-\psi}$$

$$= \zeta + (1-\varphi)\Big(r - \zeta + \dfrac{\eta^2}{2\gamma}\Big) \qquad (28)$$

2. 对投资 I 求导

$$(1 + G_I(I, K))J_W(K, W) = J_K(W, K) \qquad (29)$$

$$G(I, K) = g(i)K = \frac{\theta i^2}{2} \cdot K = \frac{\theta}{2} \cdot \frac{I^2}{K} \Rightarrow G_I(I, K) = \theta i$$

$$(1 + \theta i) \cdot b^{1-\gamma} \cdot p^{-\gamma}(w) \cdot K^{-\gamma} \cdot p'(w) =$$

$$b^{1-\gamma} \cdot p^{-\gamma}(w) \cdot K^{-\gamma} \cdot [p(w) - wp'(w)]$$

所以有

$$(1 + \theta i) \cdot p'(w) = p(w) - wp'(w) \Rightarrow \theta i = \frac{p(w) - wp'(w)}{p'(w)} - 1$$

从而解出： $$i(w) = \frac{1}{\theta}\left(\frac{p(w)}{p'(w)} - w - 1\right) \qquad (30)$$

3. 对风险资产组合 X 求导

$$(u_R - r)J_W + (\rho\sigma_A\sigma_R K + \sigma_R^2 X)J_{WW} = 0$$

$$\Rightarrow \sigma_R^2 X J_{WW} = -(u_R - r)J_W - \rho\sigma_A\sigma_R K J_{WW} \qquad (31)$$

所以有

$$X = -\frac{\mu_R - r}{\sigma_R^2} \times \frac{J_W(K, W)}{J_{WW}(K, W)} - \frac{\rho\sigma_A}{\sigma_R}K \qquad (32)$$

投资组合 X 由两部分组成，第一项是投资组合的均值－方差对应的需求，第二项是对冲实业资本风险的需求。

$$x(w) = \frac{X}{K} = -\frac{\mu_R - r}{\sigma_R^2 K} \times \frac{J_W(K, W)}{J_{WW}(K, W)} - \frac{\rho\sigma_A}{\sigma_R}$$

$$= -\frac{\mu_R - r}{\sigma_R^2 K} \frac{p(w) \cdot p'(w)}{p''(w) \cdot p(w) - \gamma \cdot (p'(w))^2}K - \frac{\rho\sigma_A}{\sigma_R}$$

$$x(w) = -\frac{\rho\sigma_A}{\sigma_R} - \frac{\mu_R - r}{\sigma_R^2} \frac{p(w) \cdot p'(w)}{p''(w) \cdot p(w) - \gamma \cdot [p'(w)]^2} \qquad (33)$$

令 $$h(w) = \frac{p''(w) \cdot p(w) - \gamma \cdot (p'(w))^2}{p'(w)}$$

$$= -\gamma \cdot p'(w) - \frac{p(w)p''(w)}{p'(w)} \qquad (34)$$

则有： $$x(w) = -\frac{\rho\sigma_A}{\sigma_R} + \frac{\mu_R - r}{\sigma_R^2}\frac{p(w)}{h(w)} \qquad (35)$$

（四）继续求解 HJB 方程

我们在（三）中已经通过 FOC 条件，求出了 $c(w)$、$i(w)$、$x(w)$ 等的表达式。

我们再将 $f(C, J)$、J_K、J_W、J_{WW} 也代入 HJB 方程（14），就得到了元二次非线性微分方程。

$$0 = \frac{mp(w)[p'(w)]^{1-\psi} - \psi\zeta p(w)}{\psi - 1} - \delta p(w) + (r + \delta)wp'(w)$$

$$+ (\mu_A - \rho\eta\sigma_A)p'(w) + \frac{(p(w) - (w+1)p'(w))^2}{2\theta p'(w)}$$

$$+ \frac{\eta^2 p(w)p'(w)}{2h(w)} - \frac{\varepsilon^2 h(w)p'(w)}{2p(w)} \qquad (36)$$

其中，$\varepsilon = \sigma_A \sqrt{1 - \rho^2}$

要解这个一元二次非线性微分方程，需要两个约束条件，以确定特定解中两个常数的值。

创业者退出创业状态的财富下限 $\underline{w}$，$\underline{w} = \dfrac{\underline{W}}{K}$。$\underline{w}$ 是创业状态结束的触发条件，即企业破产清算。企业赔钱，一旦财富下降到 $\underline{w}$，就会清算。我们也可以设定赢利时的退出条件，将在另外的项目里进行研究。

所以，方程（36）成立的条件是 $w \geq \underline{w}$。

$\underline{w}$ 是内生的，满足： $\qquad p(\underline{w}) = \underline{w} + 1 \qquad (37)$

$$p'(\underline{w}) = 1 \qquad (38)$$

式（37）和式（38）是确定 $\underline{w}$ 的重要等式，推导过程如下。

在企业清算的 $\underline{w}$ 处，创业价值 J 与创业退出后的价值 V 相等，即

$$J(K, \underline{W}) = V(\underline{W} + lK) \qquad (39)$$

$$V(\underline{W} + lK) = \frac{(b\underline{W} + lK)^{1-\gamma}}{1-\gamma} \qquad (40)$$

$V(\underline{W} + lK)$ 是企业清算后的业主的主观价值函数，$\underline{W} + lK$ 是金融财富。

除了式（39），还有第二个条件，即内生决定的 $\underline{W}$ 的光滑条件。

$$J_W(K, \underline{W}) = V_W(\underline{W} + lK)$$

由（49）得到：$P(\underline{W}) = \underline{W} + lK \Rightarrow p(\underline{w}) = \underline{w} + 1$

$$J_W(K, W) = b^{1-\gamma} \cdot P^{-\gamma}(K, W) \cdot P_W(K, W)$$

$$= b^{1-\gamma} \cdot p^{-\gamma}(w) \cdot K^{-\gamma} \cdot p'(w)$$

所以有

$$b^{1-\gamma} \cdot p^{-\gamma}(\underline{w}) \cdot K^{-\gamma} \cdot p'(\underline{w}) = b^{1-\gamma} \cdot (\underline{w}+1)^{-\gamma} K^{-\gamma}$$

$$\Rightarrow p^{-\gamma}(\underline{w}) \cdot p'(\underline{w}) = (\underline{w}+1)^{-\gamma} \Rightarrow p'(\underline{w}) = 1$$

二、完全市场条件下，创业后的生产、消费、投融资局部均衡分析

我们需要计算总财富，由金融财富与企业价值 $Q(K)$ 组成。这就引入了企业价值托宾 q 值。在没有市场成交价格可供参考的情况下，$P(K, W)$ 也可看成创业者的确定性等价财富，即当有人愿意购买该企业以及流动性财富时，创业者愿意接受的最低价格。

$$P(K, W) = W + Q(K) = W + qK = p(w)K$$

在完全市场条件下，有

$$P^{CM}(K, W) = \lim_{x \to \infty} P(K, W) = W + Q^{CM}(K)$$

$$= \lim_{x \to \infty}(W + Q(K)) = W + q^{CM}K = p^{CM}(w)K$$

所以， $$p^{CM}(w) = w + q^{CM} \tag{41}$$

当 w→∞ 时，企业价值接近完全市场时的价值。因为这时企业的金融财富很充分，因而能够迅速抓住市场上的机会。

CM（complete market）上标指完全市场背景下，

那么，q^{CM} 是多少呢？根据托宾 q 的定义，$q^{CM} = 1 + \theta i^{CM}$ $\tag{42}$

我们首先要求出完全市场条件下的 $p^{CM}(w)$，在此基础上，就可以求出 c^{CM}、i^{CM} 和 x^{CM}。

将 $p^{CM}(w) = w + q^{CM}$ 代入（36）式，就求出了 m^{CM}、i^{CM}。式中 $\rho = 0$，$p'(w) = 1$，$p''(w) = 0$，$h(w) = \gamma$，$\varepsilon = \sigma_A$

$$0 = \frac{m(w + q^{CM}) - \psi\zeta(w + q^{CM})}{\psi - 1} - \delta(w + q^{CM}) + (r + \delta)w + (\mu_A - \rho\eta\sigma_A)$$

$$+ \frac{(q^{CM} - 1)^2}{2\theta} + \frac{\eta^2(w + q^{CM})}{2\gamma}$$

$$\Rightarrow \left(\frac{m - \psi\zeta}{\psi - 1} + r + \frac{\eta^2}{2\gamma}\right)w + \frac{m - \psi\zeta}{\psi - 1}q^{CM} - \delta q^{CM} + \frac{\eta^2}{2\gamma}q^{CM}$$

$$+ \mu_A - \rho\eta\sigma_A + \frac{(q^{CM} - 1)^2}{2\theta} = 0$$

1. 完全市场条件下的 m^{CM}

$$\frac{m - \psi\zeta}{\psi - 1} + r + \frac{\eta^2}{2\gamma} = 0 \Rightarrow m = \zeta + (1 - \psi)\left(r - \zeta + \frac{\eta^2}{2\gamma}\right) \tag{43}$$

由 $m^{CM} = b^{1-\psi}\zeta^{\psi} = \left(\frac{b}{\zeta}\right)^{1-\psi} \cdot \zeta \Rightarrow b = \zeta\left[1 + \frac{(1-\psi)}{\zeta}\left(r - \zeta + \frac{\eta^2}{2\gamma}\right)\right]^{\frac{1}{1-\psi}}$

m^{CM} 是边际消费倾向，它依赖于主观贴现率 ζ、无风险利率 r、风险厌恶系数 γ、EIS 参数 ψ 和夏普比率 η。

2. 完全市场条件下的 i^{CM}

由下面的 2 个方程可以推出 i^{CM}。

$$\left(\frac{m - \psi\zeta}{\psi - 1} - \delta + \frac{\eta^2}{2\gamma}\right)q^{CM} + \mu_A - \rho\eta\sigma_A + \frac{(q^{CM} - 1)^2}{2\theta} = 0$$

$$q^{CM} = 1 + \theta i^{CM}$$

$$\Rightarrow i^{CM}(w) = (r + \delta) - \sqrt{(r + \delta)^2 - \frac{2}{\theta}(\mu_A - \rho\eta\sigma_A - (r + \delta))}$$

$$\tag{44}$$

3. 完全市场条件下的 x^{CM}

$$x^{CM}(w) = -\frac{\rho\sigma_A}{\sigma_R} + \frac{\mu_R - r}{\sigma_R^2}\frac{p(w)}{h(w)} = \left(\frac{\mu_R - r}{\gamma\sigma_R^2}\right)(w + q^{CM}) - \frac{\rho\sigma_A}{\sigma_R}$$

$$\tag{45}$$

三、是否创业的决策分析

这实际上是实物期权问题，可划分为欧式期权与美式期权两种情形来讨论。即：一是要么现在创业，要么永不创业的欧式期权；二是随时可以创业的美式期权。

期权所依附的实际资产的价格波动率，根据是否可获得市场数据，分两种情况：一种是标的有市场交易的，可以从交易价格历史数据计算出波动率，从而可以按照 Black – Scholes 定理算出欧式期权的定格，或者用有限差分法等算出欧式期权的价格。第二种情况，没有规范的市场，无法从市场获得交易价格的波动率等数据。

创业期权和退出期权是不可交易的，其定价不遵从 Black – Sholes 公式，需要求解 HJB 最优化方程。对于欧式期权，最优化 HJB 方程，即式（25）；对于美式期权，最优化 HJB 方程，即式（26）。

（一）创业欧式期权

$$\max_{K_0}\left(P(K_0,\ W_0-(\phi+K_0))\right) \tag{46}$$

式中，K_0 是所创企业的资本，W_0 是流动性财富，ϕ 是创业的固定成本，$W_0-(\phi+K_0)$ 是创业后剩下的流动财富。创业固定成本 ϕ 与投资可调整成本 $G(I,\ K)$ 不同。$G(I,\ K)$ 涉及创业后是否有新增投资。二者概念不同。

$P(K_0,\ W_0-(\phi+K_0))$ 是资本为 K_0，流动财富为 $W_0-(\phi+K_0)$ 时的企业价值。创业者创业，就必须使该企业价值函数相对于 K_0 达到最优值。显然，该创业决策行为是基于最优化的理性人行为假设的：创业者选择合适的 K_0，使企业价值最大化。

对于创业者来说，其初始财富 W_0，创业花去的固定的成本 ϕ 和资本 K_0。如果创业者贷款 lK_0，则有如下条件：$W_0\geq\phi+(1-l)K_0$。只有满足这个条件，创业者才有可能去创业。l 通常是小于 1 的，对于"互联网＋"的创业情形，风险投资可以给你一大笔钱，以至于 $\phi+(1-l)K_0\leq0$。很明显，这时候就具备了创业条件。所以，当你考虑风险投资等情形时，$l\geq1$。

1. 求解 HJB 方程

在财富达到 W_0 时，如果选择创业，效用函数为 $J(K_0,\ W_0-(\phi+K_0))$。

$$J(K_0,\ W_0-(\phi+K_0))=\frac{(bP(K_0,\ W_0-(\phi+K_0)))^{1-\gamma}}{1-\gamma}$$

$J(K_0, W_0 - (\phi + K_0))$，与 $V(W_0 + \prod)$ 在点 W_0 处应该是相等的。此时，创业将继续获得未来的工资收入的总贴现值 $\prod$。此时，创业者的效用函数进入退休状态，因为不再有创业的想法，也就简单了，没有创业期权了。而创业前的效用函数 $F(W)$，则与 $V(W)$ 不同。

$$J(K_0, W_0 - (\phi + K_0)) = \frac{(bP(K_0, W_0 - (\phi + K_0)))^{1-\gamma}}{1 - \gamma}$$

$$= V(W_0 + \prod) = \frac{(b(W_0 + \prod))^{1-\gamma}}{1 - \gamma}$$

从这个等式可以推导出：

$$P(K_0^*, W_0 - (\phi + K_0^*)) = W_0 + \prod \tag{47}$$

有了上式，再加上欧拉定理，我们继续推导

$$P(K_0^*, W_0 - (\phi + K_0^*)) = P_K \cdot K_0^* + P_W \cdot (W_0 - \phi - K_0^*)$$

$$= W_0 + \prod \tag{48}$$

结合以下两个等式

$$P_K(K, W) = p'\left(\frac{W}{K}\right) \cdot \frac{-W}{K^2} \cdot K + p(w)$$

$$= p(w) - wp'(w)$$

$$P_W(K, W) = p'\left(\frac{W}{K}\right) \cdot \frac{1}{K} \cdot K = p'(w)$$

$$\Rightarrow [p(w^*) - wp'(w^*)] \cdot K_0^* + p'(w^*) \cdot (W_0 - \phi - K_0^*) = W_0 + \prod$$

$$\Rightarrow (p(w^*) - wp'(w^*) - p'(w^*))K_0 + (p'(w^*) - 1)W_0 - p'(w^*)\phi = \prod \tag{49}$$

由于创业者要选择 K_0 来最大化效用函数 $J(K_0, W_0 - (\phi + K_0))$，我们将得到最优化方程，即 HJB 方程：

$$\max_{K_0}(P(K_0, W_0 - (\phi + K_0))) \tag{50}$$

得到：$p(w^*) - wp'(w^*) - p'(w^*) = 0$。

$$\Rightarrow \quad p'(w^*) = \frac{p(w^*)}{w^* + 1} \tag{51}$$

式（51）是一元一次非线性常微分方程式，需要一个约束条件才可得到特定解。而式（50）最终还要解出 K_0。

2. 求解 $\overline{W}_0$

由式（49）与式（51），我们可以得出创业者创业的门槛财富 $\overline{W}_0$。

$$(p'(w^*) - 1)W_0 - p'(w^*)\phi = \prod$$

W_0 是临界值是 $\overline{W}_0$。若要创业，财富 W_0 必须大于该门槛 $\overline{W}_0$。

$$\Rightarrow W_0 = \frac{\phi p'(w^* + \prod)}{p'(w^*) - 1}$$

$$\Rightarrow \overline{W}_0 = \frac{\phi p'(w^* + \prod)}{p'(w^*) - 1} \tag{52}$$

对于 $P(K_0^*, W_0 - (\phi + K_0^*))$，应用欧拉定理得到。

3. 求解 K_0^*

$$P(K_0^*, W_0 - (\phi + K_0^*)) = P_K^* \cdot K_0^* + P_W^* \cdot (W_0 - \phi - K_0^*)$$

$$= p'(w) \cdot (W_0 - \phi) \tag{53}$$

在确定了企业价值 $P(K_0^*, W_0 - (\phi + K_0^*))$ 之后，进而可以确定创业时的资本 K_0^* 和创业者的确定性等价财富 $E(W_0)$

$$P(K_0^*, W_0 - (\phi + K_0^*)) = p(w^*) \cdot K_0^* = p'(w^*) \cdot (W_0 - \phi) \Rightarrow$$

$$K_0^* = \frac{p'(w^*)}{p(w^*)} \cdot (W_0 - \phi) = \frac{W_0 - \phi}{1 + w}$$

所以，

$$K_0^* = \frac{p(w^*)}{p(w^*) + 1} \tag{54}$$

4. 求解 $E(W_0)$

$$E(W_0) = \max(W_0 + \prod, p'(w^*)(W_0 - \phi)) \tag{55}$$

$E(W_0)$ 是创业期权，即当财富是 W_0 时，创业者将根据 W_0 的大小，选择创业或者不创业，使自己的主观效用最大化。

（二）创业美式期权

$$0 = \max_{C,X} f(C, F) + (rW + (\mu_R - r)X + r\prod - C)F_W + \frac{\sigma_R^2 X^2}{2}F_{WW}$$

$$(56)$$

类似于创业后的 HJB 方程式（14），最终转化成一元二次非线性微分方程（36）。动态随机最优控制方程最终也会转化成一元微积分方程。

根据理性人行为假设，HJB 方程要对 C、X 求一阶导数。

1. HJB 方程的推导过程

$$F(W) = \frac{(bE(W))^{1-\gamma}}{1-\gamma} \qquad (57)$$

F 是创业者创业前的主观价值函数，F_{WW} 是 F 对 W 的二阶导数，F_W 是 F 对 W 的一阶导数。这个阶段，没有营业收入，也没有投资，只有工资性收入。此时，只有一个冲击，即风险资产组合投资回报冲击，只包含一个随机布朗运动。W 是金融财富，γ 是相对风险厌恶系数。E(W) 是确定性等价财富。这是两个不同的概念，一个是效用，一个是财富，不能混淆。同样是财富，$E(W) \neq W$，前者包含了业主的主观评价，是可交易的价格。

$$dW_t = r(W - X_t)dt + \mu_R X_t dt + \sigma_R X_t dB_t - C_t dt + r\prod dt, \ t < T^0$$

$$\frac{dW_t}{dt} = r(W - X_t) + \mu_R X_t - C_t dt + r\prod$$

$$= rW + (\mu_R - r)X + r\prod - C, \ t < T^0$$

根据随机最优控制的 HJB 生成规则，我们有下式。

$$0 = \max_{C,X} f(C, F) + (rW + (\mu_R - r)X + r\prod - C)F_W$$

$$+ \frac{\sigma_R^2 X^2}{2}F_{WW}$$

2. HJB 方程的求解

（1）效用函数 f(C，F)

$$f(C，F) = \frac{\zeta}{1-\psi^{-1}} \times \frac{C^{1-\psi^{-1}} - ((1-\gamma)F)^x}{((1-\gamma)F)^{x-1}} \quad x = \frac{1-\psi^{-1}}{1-\gamma}$$

F 是效用函数，C 是消费，γ 是相对风险厌恶系数，ζ 是代理人的主观贴现率，ψ 是 EIS。

$$f_C(C，F) = \zeta \times \frac{C^{-\psi^{-1}}}{((1-\gamma)F)^{x-1}} \tag{58}$$

（2）F(W)、F_W、F_{WW}

对（57）式求导，$F(W) = \frac{(bE(W))^{1-\gamma}}{1-\gamma}$

$$F_W = b^{1-\gamma}E^{-\gamma}(W)E'(W) \tag{59}$$

$$F_{WW} = -\gamma b^{1-\gamma}E^{-\gamma-1}(W)[E'(W)]^2 + b^{1-\gamma}E^{-\gamma}(W)E''(W) \tag{60}$$

（3）求 C(W)

利用最优化 HJB 方程式（56）对 C 求导得：

$$f_C(C，F) = F_W \tag{61}$$

根据式（58）、（59）、（61），求出 C(W)

$$C(W) = m^{CM}E(W)E'(W)^{-\psi} \tag{62}$$

（4）求 X(W)

式（56）对 X 求导，得出：$(\mu_R - r)F'(w) + \sigma_R^2 XF''(w) = 0$

$$X(W) = -\frac{\mu_R - r}{\sigma_R^2}\frac{F'(w)}{F''(W)}$$

$$= -\frac{\mu_R - r}{\sigma_R^2} \times \frac{b^{1-\gamma}E^{-\gamma}(W)E'(W)}{-\gamma b^{1-\gamma}E^{-\gamma-1}(W)[E'(W)]^2 + b^{1-\gamma}E^{-\gamma}(W)E''(W)}$$

$$\Rightarrow X(W) = \frac{\mu_R - r}{\sigma_R^2}\frac{E(W)E'(W)}{\gamma[E'(W)]^2 - E(W)E''(W)} \tag{63}$$

（5）待求解的一元二次非线性方程

我们将 C(W)、X(W) 以及 F_W 和 F_{WW} 代入（56），得到

$$0 = \frac{m^{CM}E(W)(E'(W))^{1-\gamma} - \psi\zeta E(W)}{\psi - 1} - r(W + \prod)E'(W)$$

$$+ \frac{\eta^2}{2} \times \frac{E(W)E'(W)}{\gamma E'(W)^2 - E(W)E''(W)}, \quad W \leqslant \widehat{W} \tag{64}$$

该二阶非线性常微分方程的求解，有两个边界条件。

边界条件一：$F(\widehat{W}) = J(K^*, \widehat{W} - \phi - K^*)$

这一点处的创业者的效用函数，即创业前的 $F(\widehat{W})$ 与创业后的 $J(K^*, \widehat{W} - \phi - K^*)$ 相等。

$$E(\widehat{W}) = P(K^*, \widehat{W} - \phi - K^*) = p(w^*) \cdot K^* \tag{65}$$

由于 $p'(w^*) = \dfrac{p(w^*)}{w^* + 1}$，以及 $K^* = \dfrac{\widehat{W} - \phi}{1 + w^*}$：

$$E(\widehat{W}) = p(w^*) \cdot K^* = p(w^*) \cdot \frac{\widehat{W} - \phi}{1 + w^*} = p'(w^*)(\widehat{W} - \phi) \tag{66}$$

$\widehat{W}$ 是美式期权的创业进入的财富门槛。ϕ 是创业的固定初始成本，$p'(w^*)$ 是在 w^* 的企业边际价值，w^* 可由欧式期权计算得出。这个边界条件的含义为，不创业时的价值 $E(\widehat{W})$ 与创业时的价值 $p'(w^*)(\widehat{W} - \phi)$ 相等。美式期权比欧式期权复杂得多。创业者积累财富，一旦财富 $\widehat{W}$ 满足创业条件，美式期权生效。这种处理复杂的美式期权的方法，是本研究的重要技巧。

边界条件二：$F'(\widehat{W}) = J_W(K^*, \widehat{W} - \phi - K^*)$

$$F'(\widehat{W}) = b^{1-\gamma}E^{-\gamma}(\widehat{W})E'(\widehat{W})$$

$$J_W(K^*, \widehat{W} - \phi - K^*) = b^{1-\gamma} \cdot P^{-\gamma}(K^*, \widehat{W} - \phi - K^*) \cdot P_w(K^*, \widehat{W} - \phi - K^*)$$

$$= b^{1-\gamma} \cdot p^{-\gamma}(w^*) \cdot K^{-\gamma} \cdot p'(w^*) \Rightarrow E'(\widehat{W}) = p'(w^*) \tag{67}$$

边界条件二表明，创业或者不创业，其边际价值是一样的。

边界条件三： $$E(-\prod) = 0 \tag{68}$$

当创业者有债务 $\prod$ 时，它将永远不可能具有正的财富，因而，创业者不可能支付创业的固定成本，其创业前的确定等价性财富为 0。

四、创业退休分析

创业退出后，或者欧式期权型的未创业直到退休，创业者再也没有了创业收入或者工资收入，只剩下金融财富 W，其中投资于金融市场的为 X。

（一）退休后的 HJB 方程

$$0 = \max_{C,X} f(C, F) + (rW + (\mu_R - r)X - C)V_W + \frac{\sigma_R^2 X^2}{2}V_{WW} \tag{69}$$

V 是创业者退休后的主观价值函数，V_{WW} 是 V 对 W 的二阶导数，V_W 是 V 对 W 的一阶导数。这个阶段，没有营业收入，也没有工资性收入。此时，只有一个冲击，即风险资产组合投资回报冲击，只包含一个随机布朗运动。W 是金融财富，γ 是相对风险厌恶系数。

$$dW_t = r(W_t - X_t)dt + \mu_R X_t dt + \sigma_R X_t dB_t - C_t dt_t, \quad T^l < t$$

$$\frac{dW_t}{dt} = r(W - X_t) + \mu_R X_t - C_t dt = rW + (\mu_R - r)X - C, \quad t < T^0$$

根据随机最优控制的 HJB 生成规则，我们有下式

$$0 = \max_{C,X} f(C, F) + (rW + (\mu_R - r)X - C)V_W + \frac{\sigma_R^2 X^2}{2}V_{WW}$$

（二）HJB 方程的求解

1. 效用函数 f(C, F)

$$f(C, F) = \frac{\zeta}{1 - \psi^{-1}} \times \frac{C^{1-\psi^{-1}} - ((1-\gamma)F)^x}{((1-\gamma)F)^{x-1}} \quad x = \frac{1 - \psi^{-1}}{1 - \gamma}$$

F 是效用函数，C 是消费，γ 是相对风险厌恶系数，ζ 是代理人的主观贴现率，ψ 是 EIS。

$$f_C(C, F) = \zeta \times \frac{C^{-\psi^{-1}}}{((1-\gamma)F)^{x-1}}$$

2. V(W)、V_W、V_{WW}

$$V(W) = \frac{(bW)^{1-\gamma}}{1-\gamma}$$

$$V_W = b^{1-\gamma}W^{-\gamma}$$

$$V_{WW} = -\gamma b^{1-\gamma}W^{-\gamma-1}$$

3. 求 C(W)

利用最优化 HJB 方程式（69）对 C 求导得：

$$f_C(C, F) = V_W \tag{70}$$

所以，

$$C(W) = m^{CM}W \tag{71}$$

4. 求 X(W)

式（69）对 X 求导，得出：$(\mu_R - r)V'(w) + \sigma_R^2 X V''(w) = 0$

$$X(W) = -\frac{\mu_R - r}{\sigma_R^2}\frac{V'(w)}{V''(W)} = -\frac{\mu_R - r}{\sigma_R^2} \times \frac{b^{1-\gamma}W^{-\gamma}}{-\gamma b^{1-\gamma}W^{-\gamma-1}}$$

$$\Rightarrow \quad X(W) = \frac{\mu_R - r}{\gamma\sigma_R^2}W \tag{72}$$

5. 待求解的一元二次非线性方程

我们将 C(W)、X(W) 以及 V_W 和 V_{WW} 代入（69），得到

$$0 = \frac{m^{CM} - \psi\zeta}{\psi - 1}W - rW + \frac{\eta^2}{2}\frac{W}{\gamma}$$

化简后得到：0 = 0

所以，这个方程不需要求解。

第三节 **求模型方程数值解及经济行为分析**

通过求解一元二阶非线性常微分方程，我们来分析企业价值 q（w）、企业边际价值 q'（w）、公司价值（p（w））、公司边际价值（p'（w））、投资资本比率 i（即 I/K）、消费资本比率 c（C/K）、市场投资资本比率 x（X/

K）与流动财富资本比率 w（即 W/K）等的数值关系。通过这些分析，我们可以勾勒出创业三个阶段的基本经济规律，如企业价值在破产边界处的非单调性，企业现金价值在边界处的非单调性，等等。这些规律对于现金管理、风险管理、新的投资机会把握，对于整个行业投资是否达到了最优水平，等等，非常重要。

创业后一元二阶非线性常微分方程的数值解及经济行为分析

这是本研究最关键的部分。该阶段向后与创业退休相对接，与创业前相对接。

（一）创业后一元二阶非线性常微分方程的数值解

$$0 = \frac{mp(w)[p'(w)]^{1-\psi} - \psi\zeta p(w)}{\psi - 1} - \delta p(w) + (r + \delta)wp'(w) + (\mu_A - \rho\eta\sigma_A)p'(w)$$

$$+ \frac{(p(w) - (w+1)p'(w))^2}{2\theta p'(w)} + \frac{\eta^2 p(w)p'(w)}{2h(w)} - \frac{\varepsilon^2 h(w)p'(w)}{2p(w)} \tag{73}$$

$\underline{w}$ 是内生的，满足：
$$p(\underline{w}) = \underline{w} + 1 \tag{74}$$
$$p'(\underline{w}) = 1 \tag{75}$$

其中，
$$h(w) = \gamma p'(w) - p(w)p''(w)/p'(w) \tag{76}$$

1. 参数值表

我们将所有的参数列在一起，以便明确理解其经济含义，并在后面的公式推导、变量变化等技术过程中，有一个集中查阅的地方。这样做，也便于作者对参数值进行管理。因为在程序编写时，一定会集中交代各参数赋值，避免遗漏和出错。集中的参数表也显示了本模型的优点与缺点：本模型含有足够多的经济变量来研究创业问题，是当前最具代表性的模型；缺点是对人力资本、研发投入等关注不够。本模型有两个随机冲击，一是生产率冲击，也就是采用的技术可能是特别有竞争力，也可能是没有前途的新技术，也可以将经济周期等因素包含进来，二是金融市场冲击，在金融市场上有投资。我们可以不考虑金融市场冲击，从而将模型简化，也适用于大多数创业企业。我们会在后续研究中深化这些思路。

2. p(w)

我们使用 matlab 进行编程，主要方法是有限差分法。下图中有四条曲线，各参数值的基准值见表 2.2。liquidation 指的清算情形，FB 是完全市场情形。gama = 2 与 gama = 4 是其他参数值符合表 2.2 参数值的情形。gama = 2 与 gama = 4 介于完全市场和清算情形之间，gama = 2 的情形更好些，说明相对风险厌恶越低，企业价值 p(w) 越高。风险厌恶高，企业会丧失很多投资机会。FB，即完全市场的情形，见第二章公式（41）至（45）。清算情形看公式（37）至（40）前后的分析。图 2.1 显示了清算（liquidation）即最坏情形下的 p(w)。

表 2.2　　　　　　　　　　　　　　　　**模型参数**

参数	美国参数值	中国参数值	经济含义
r	4.6%	1.5%	无风险利率，如我的银行存款利率、美国的国债利率
u_R	10.6%	4%	预期市场资产组合回报率
σ_R	20%	20%	市场资产组合回报率的波动性
$u_R - r$	6%	0.5%	股权风险溢价
η	30	2.5	市场夏普比率
ζ	4.6%	10%	主观贴现率，今年的 1 元钱等于明年的多少钱
θ	2	2	调整成本参数，反映创业间接成本
δ	12.5%	20%	折旧率
u_A	20%	20%	生产率冲击均值
σ_A	10%	20%	生产率冲击波动性
ρ	0	0	市场资产组合冲击与公司生产率冲击的相关性
ε	10%	20%	异质风险波动性
γ	2.4	2.0	相对风险厌恶
ψ	0.5	0.5	跨期替代弹性
ℓ	0.9	0.5	资本清算回收率

参数	美国参数值	中国参数值	经济含义
Φ	0.05	0.05	固定创业成本
∏	0.5	6	不创业时的劳动收入贴现总额

资料来源：美国的参数值是采用美国文献的计算结果，中国数据是估算的。随着时间的推移，部分数值可能需要修正，以反映最新的中美经济情况。

　　基于财富资本比的确定等价的创业者价值函数由金融财富与实业资本组成，处于清算线与完全市场线之间，财富资本比越高，创业的价值越大（见图2.1）。对于总财富资本比为负的情形，效应较为特殊，后面要专门研究。$\gamma = 2$ 时，在起点处，w 为 0.7956，p(w) 值低，为 0.104。

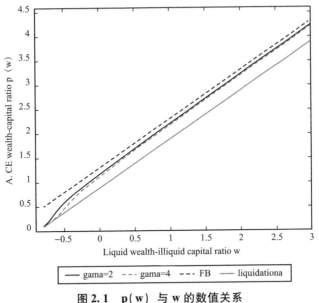

图 2.1　p(w) 与 w 的数值关系

　　注：横坐标是流动财富与非流动性财富即资本的比率 w，纵坐标是确定等价性财富对非流动性财富即资本的比率函数 p(w)，FB 代表理想情况，即完全市场情形，liquidation 指清算情形。gama，即参数 γ。

　　资料来源：根据设定的标准参数值对模型进行有限差分数值计算的结果，编程语言是 matlab。

（二）经济行为的数值分析

1. q 值分析

$$Q(K, W) = P(K, W) - W \Rightarrow$$

$$q = \frac{Q(K, W)}{K} = \frac{P(K, W) - W}{K} = p(w) - w$$

随着 w 值的增大，q 值向完全市场情形靠近，FB 即 First Best 的意思，即有效市场，无金融摩擦等因素。企业价值不能小于 0.9，否则，就清算了，收回实业资本的 90%。gama 越大，同样的 w，对应的 q 值越低（见图 2.2），清算情形下，q(w) 值最小；理想情形下，q(w) 值最大；gama = 2 或 4，则处于中间状态，且风险厌恶越小，q(w) 越大。另外，q(w) 随着 w 的增大而增大，在破产边界附近斜率最大。

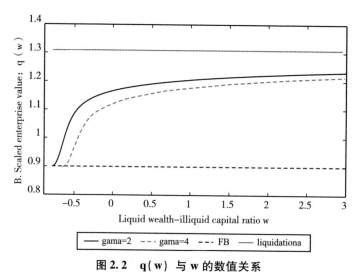

图 2.2　q(w) 与 w 的数值关系

注：横坐标是流动财富与非流动性财富即资本的比率 w，纵坐标是企业价值函数 q(w)，FB 代表理想情况，即完全市场情形，liquidation 指清算情形。gama，即参数 γ。

资料来源：根据设定的标准参数值对模型进行有限差分数值计算的结果，编程语言是 matlab。

2. $i(w) = \dfrac{1}{\theta}\left(\dfrac{p(w)}{p'(w)} - w - 1\right)$

当企业净财富为正，但是缺少资金，流动资金主要表现为负债时，创业者的投资意愿接近0，甚至为负。也就是创业者会收回资金。当资金充裕时，投资为加大，但低于无金融摩擦的情形。所以，流动资金宽松，创业者会主动进行投资活动。当然，这种流动淘金的边际投资效应是逐渐下降的（见图2.3），在参数如表2.2时，最坏的情形即破产清算时，投资率是 -5%。而理想情形下，投资率约为0.1555。由于有破产期权，投资率在破产线附近出现了拐点，但是大小是负的。在风险厌恶不够高时，即使在流动财富比率 w 小于0，投资率也可以大于0。在流动资产为正时，风险厌恶越低，投资率越高。可以看出，在我国的义务和高等教育中，增强国民的风险偏好，有利于增加创业者的投资率。

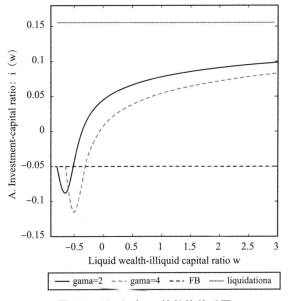

图 2.3　i(w) 与 w 的数值关系图

注：横坐标是流动财富与非流动性财富即资本的比率 w，纵坐标是投资对非流动性财富即资本的比率函数 i(w)，FB 代表理想情况，即完全市场情形，liquidation 指清算情形。gama，即参数 γ。

资料来源：根据设定的标准参数值对模型进行有限差分数值计算的结果，编程语言是 matlab。

如图 2.4 所示，当流动资金达到实业资本的 50% 时，增加流动资金就很难带来新的投资了。而在有短期负债时，约 50% 时，边际投资率差不多达到最高 40%。对于完全市场情形，边际投资率为 0。

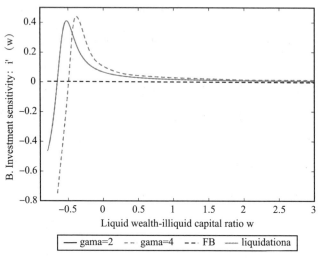

图 2.4 $I'(w)$ 与 w 的数值关系

注：横坐标是流动财富与非流动性财富即资本的比率 w，纵坐标是投资敏感性函数 $i(w)$ 的导数，FB 代表理想情况，即完全市场情形，liquidation 指清算情形。gama，即参数 γ。

资料来源：根据设定的标准参数值对模型进行有限差分数值计算的结果，编程语言是 matlab。

3. $c(w) = \zeta^{\psi} b^{1-\psi} \cdot p(w) \cdot [p'(w)]^{-\psi}$

如图 2.5 所示，创业者的消费受到 gama 的影响。gama 越大，风险厌恶越强烈，消费将相对下降。当流动资金为实业资本的 50% 时，约消费实业资本总额的 10%。所以，指望创业者流动资金充裕时，大幅度增加消费也是不现实的。创业者增加的消费约是流动资金增加额的 6%。

图 2.6 考察了模型在特定参数下有边际消费情况。首先，风险厌恶越低，消费越高。gama = 2 与 gama = 4，FB gama = 2 与 FB gama = 4，都是 gama = 2 时边际消费倾向高。这样就蕴含了一个经济学话题，就是风险厌恶越低的社会，或者说有冒险精神的社会，相关的经济指标如投资率、消

费率等,都会较好。这也就从经济学上对我国传统文化中的厌恶风险的部分进行反思。西方国家更加富于冒险精神,否则无法发现美国大陆。科学上鼓励探险精神,挑战权威,培养青年学者,探寻科学真理,都是西方文化中积极的成分。

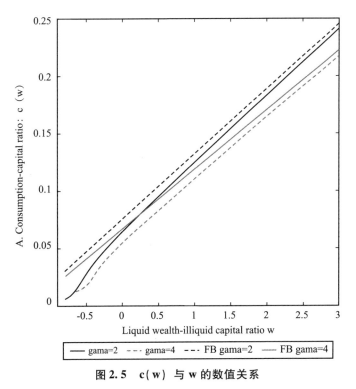

图 2.5 c(w) 与 w 的数值关系

注:横坐标是流动财富与非流动性财富即资本的比率 w,纵坐标是消费对非流动性财富即资本的比率函数 c(w),FB gama = 2 代表完全市场情形下其他默认参数不变,唯有 gama = 2。gama,即参数 γ。

资料来源:根据设定的标准参数值对模型进行有限差分数值计算的结果,编程语言是 matlab。

在相对风险厌恶 gama 一定的情形下,边际消费倾向约在流动财富是实业资本的一倍时,接近理想情况(见图 2.6)。这些流动资金是净资金,而不是借债金额。由于借债创业也是一种常见的创业现象,所以,对 w < 0 的部分,我们要更加关注。

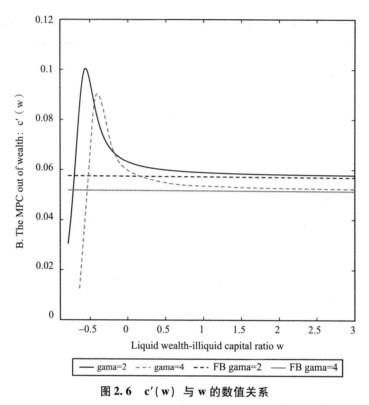

图 2.6 c′(w) 与 w 的数值关系

注：横坐标是流动财富与非流动性财富即资本的比率 w，纵坐标是财富的边际消费倾向函数 c(w) 的导数，FB gama = 2 代表 gama = 2 时的理想情况，FB 是参数值为默认值时的理想情形。gama，即参数 γ。

资料来源：根据设定的标准参数值对模型进行有限差分数值计算的结果，编程语言是 matlab。

对于 gama = 2，最大的边际消费货币是 0.104，w = − 0.5576。

对于 gama = 2，最大的边际消费货币是 0.903，w = − 0.3966。

此时，创业者离清算距离还算安全，如果因为收入增加导致流动资金增加，创业者会强烈地期望增加消费。

$$4. \quad x(w) = -\frac{\rho\sigma_A}{\sigma_R} + \frac{\mu_R - r}{\sigma_R^2}\frac{p(w)}{h(w)}$$

从图中可以看出，即使创业者借债创业，也会在风险资产上进行投资。这主要是因为美国的股票市场等的投资回报远远高于无风险利率。所以，创业者也会尽可能地投资于风险资产，既能带来收入，也能分散风险。毕竟将所有的资产都集中于创业资产，类似于鸡蛋放在一个篮子里。当然，投资会有两种情形，一种是信息不通畅情形下的，鸡蛋放在几个篮子里；一种是对创业较有把握时，偏要把鸡蛋放在一个篮子里，以获得收益最大化。

图 2.6 考察了模型在特定参数下市场资产组合投资情况。首先，风险厌恶越低，金融市场投资 X 越高。gama = 2 与 gama = 4，FB gama = 2 与 FB gama = 4，都是如此。不过，X 并不是随着流动资产的增加而简单的线性增加。在有短期借债的情况下，比如说 w = −0.5 时，X 是凹函数。主要原因是受到了破产期权的影响（见图 2.7）。破产期权保护了创业者，在破产回收高达 0.9 的情况下，创业者的利益得到了较好的保护。如果破产会

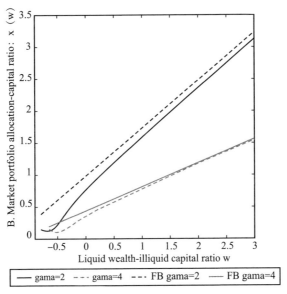

图 2.7　x(w) 与 w 的数值关系

注：横坐标是流动财富与非流动性财富即资本的比率 w，纵坐标是市场资产配置对非流动性财富即资本的比率 x(w)，FB gama = 2 代表 gama = 2 时的理想情况，FB 是参数值为默认值时的理想情形。

资料来源：根据设定的标准参数值对模型进行有限差分数值计算的结果，编程语言是 matlab。

带来无限的责任，则消费、投资等行为将明显不同于本书结论。如果有机会，我们会在其他场合继续研究该问题。

$$5. \quad h(w) = \frac{p''(w) \cdot p(w) - \gamma \cdot (p'(w))^2}{p'(w)} = -\gamma \cdot p'(w) - \frac{p(w)p''(w)}{p'(w)}$$

γ 是相对风险厌恶，$h(w)$ 随着 w 的加大，不断逼近 γ。所以，我们说 $h(w)$ 是有效风险厌恶，是动态的，在上方以风险厌恶值为极限不断逼近。金融财富与资本之比越大，则有效风险厌恶越逼近于风险厌恶值。当有借债时，借债额约为资本额 50% 左右时，有效风险厌恶增加 1 倍左右。例如，相对风险厌恶为 2，有效风险厌恶最大值则达到了 4.5；相对风险厌恶为 4，则有效风险厌恶最大值达到了 7.6。有效风险厌恶影响创业者的实业投资、消费等行为（见图 2.8）。

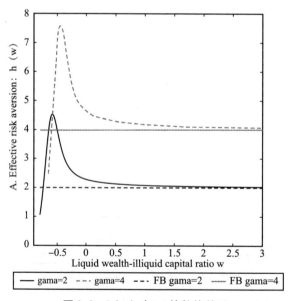

图 2.8　h(w) 与 w 的数值关系

注：横坐标是流动财富与非流动性财富即资本的比率 w，纵坐标是有效风险厌恶函数 $h(w)$，FB gama = 2 代表 gama = 2 时的理想情况，FB 是参数值为默认值时的理想情形。

资料来源：根据设定的标准参数值对模型进行有限差分数值计算的结果，编程语言是 matlab。

本专著关于创业模型的设立、求解与分析的来龙去脉，如图 2.9 所示，可以帮助读者更直观的进行理解，它是对前述具体技术分析的一种抽象，忽略了研究细节，突出了研究过程。

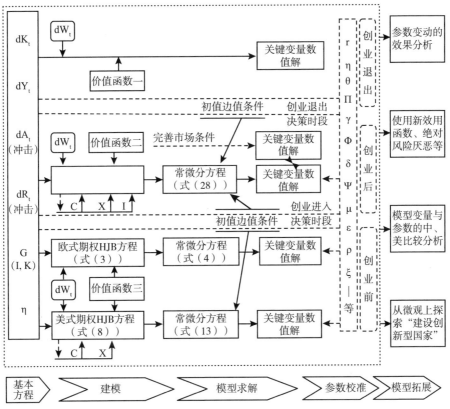

图 2.9 创业模型设立的技术路线

第三章

动态局部均衡模型数值分析

建模是本书研究的重要基础，是各种命题的核心逻辑所在。

高科技创业动态随机局部均衡机制参数变动分析

通过保持基准值不变，而其他参数的数值进行变动，可以探索参数的性质，即它的变动给经济变量值带来的影响，从而加深对整个经济系统的认识。

一、跨期弹性分析

本书中跨期替代弹性指创业者消费的跨期替代弹性。创业者在现在消费和未来消费之间进行选择，决定了当前消费与储蓄之间的分割比例。这取决于该家庭对当前消费所获效用与未来消费所获得效用的评价和比较。跨期替代的弹性（EIS）被认为是宏观经济学和金融经济学中的主要行为参数之一。EIS 的大小对于政策分析以及许多经济问题至关重要，这些经济问题包括节省储蓄的决策，财政和货币政策的有效性以及真实商业周期中的数据拟合。

ψ 是重要参数。本书中，它的改变会引起 p(w)、q(w)、P_W、P_K 等属性的改变。跨期替代弹性越大，贴现率越大，对投资回报的要求也越高，往往对应着高利率。

（一）综合评论

这里将集中展示 p(w)、q(w)、P_W、P_K 四个函数图形，每个函数考虑四种情形，完全市场、破产清算、ψ = 0.25、ψ = 2。之所以在图中用 Psi，是因为 matlab 绘图程序无法输入拉丁字母 ψ。P_W 是企业价值相对于财富 W 的边际价值，P_K 是企业价值相对于资本 K 的边际价值。如图 3.1 所示，在 w > 1 时，FB gama = 2 > Psi = 2 > Psi = 0.25 > liquidation。即 ψ 越高，企业价值 p(w)、q(w)、P_W、P_K 越高。利率也影响跨期替代弹性。我们发现，文献中跨期替代的数值有较大差异；我们认为跨期替代弹性与经济周期、经济发展阶段等有关系。中国的跨期替代弹性一般比美国高。

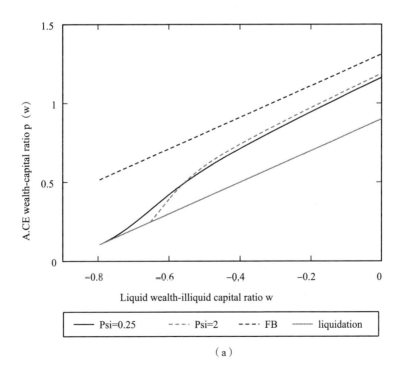

（a）

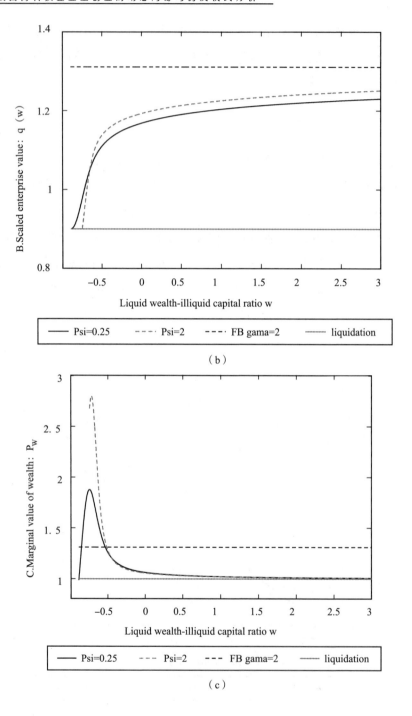

（b）

（c）

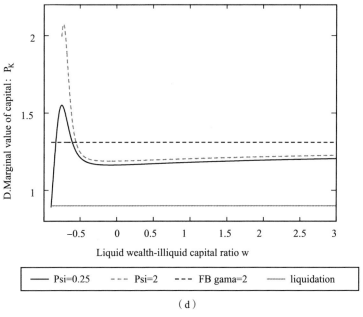

（d）

图 3.1　多个函数与 w 的数值关系

注：横坐标是流动财富与非流动性财富即资本的比率 w，图 3.1（a）纵坐标是确定等价性财富与非流动性财富即资本的比率 p（w），图 3.1（b）纵坐标是创业企业价值 q（w），图 3.1（c）是财富的边际价值 P_W，图 3.1（d）是资本的边际价值 P_K，FB gama = 2 代表 gama = 2 时的理想情况，FB 是参数值为默认值时的理想情形，liquidation 是清算时的情形。Psi 即 ψ，跨期替代弹性。

资料来源：根据设定的标准参数值对模型进行有限差分数值计算的结果，编程语言是 matlab。

　　图 3.1 中各图有一个共同特征，就是在 w < 0 时，差异尤其明显。另外，图 3.1（a）与图 3.1（b）的联系很明显，一是图 3.1（a）凸凹性的改变，与图 3.1（b）的极值相关联。下面，我们展开讨论。

（二）公司价值 p（w）分析

　　确定等价性财富 P（K，W）的计算参考公式（21）至（24）。图 3.2 中的 p（w）= p（W/K）= P（K，W）/K，暗含了假设 P（K，W）是 K 的齐次函数。如果是 P（K，W）是 K 的非齐次函数，本书的许多结论就不成立。中国的跨期替代弹性要高于美国，这有利于中国企业的 q（w）。

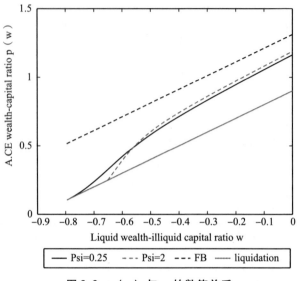

图 3.2　p(w) 与 w 的数值关系

注：横坐标是流动财富与非流动性财富即资本的比率 w，纵坐标是确定等价性财富与非流动性财富即资本的比率 p(w)，FB gama = 2 代表 gama = 2 时的理想情况，FB 是参数值为默认值时的理想情形，liquidation 是清算时的情形。Psi 即 ψ，跨期替代弹性。

资料来源：根据设定的标准参数值对模型进行有限差分数值计算的结果，编程语言是 matlab。

　　由于两个曲线切线的斜率始终大于 0，所以，p(w) 是单调上升的。但是，在 w < - 0.6 时，曲线存在拐点。如图 3.2，跨期替代弹性越高，创业者的破产门槛越低，|w|越小。很明显 Psi = 2 的破产门槛约为 - 0.65，Psi = 0.25 的破产门槛约为 - 0.8。可见，Psi = 2 更早行使破产期权。

（三）企业 q 值分析 q(w)

　　q(w) 与 p(w) 之间存在函数关系，q(w) = p(w) - w。清算时 q 值最低，为 0.9；完全市场情况下，q 值最高。不同跨期替代弹性的 q 值处于二者之间。跨期替代弹性越大，q 值越高。

　　由图 3.3 可见，企业的价值（扣除了金融财富）在负债时上升很快，之后缓慢上升。在创业之后，如果创业者手头宽裕，有正的金融财富，创业者对企业的估值相对就高一些。否则，企业的价值就会低一些。这也符合现实。当创业者借款创业时，显然是外部投资者相对较好的机会，对投资者是有利的。

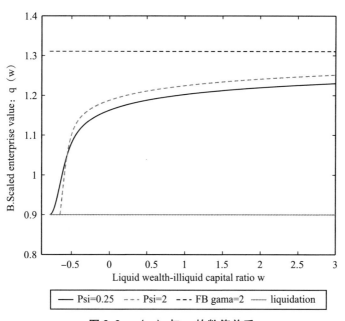

图 3.3　q(w) 与 w 的数值关系

注：横坐标是流动财富与非流动性财富即资本的比率 w，纵坐标是创业企业价值 q(w)，FB gama = 2 代表 gama = 2 时的理想情况，FB 是参数值为默认值时的理想情形，liquidation 是清算时的情形。Psi 即 ψ，跨期替代弹性。

资料来源：根据设定的标准参数值对模型进行有限差分数值计算的结果，编程语言是 matlab。

（四）企业 p 值的边际分析 p′(w)

根据前述，在考虑创业期权的情况下，得出：

$$P_K(K, W) - p'\left(\frac{W}{K}\right) \cdot \frac{-W}{K^2} \cdot K + p(w) = p(w) - wp'(w)$$

$$P_W(K, W) = p'\left(\frac{W}{K}\right) \cdot \frac{1}{K} \cdot K = p'(w)$$

这些公式是图 3.4 和图 3.5 的理论基础。

当 Psi = 2 时，拐点在 p′(−0.6266) = 2.7996。

当 Psi = 0.25 时，拐点在 p′(−0.6516) = 1.8779。

所以，确定性等价财富相对于流动资金的边际价值约在 0.6 之后即达到最大值。此时相当于贷款 6 成多如图 3.4 所示。

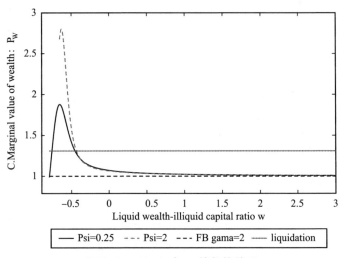

图 3.4   p′(w) 与 w 的数值关系

注：横坐标是流动财富与非流动性财富即资本的比率 w，纵坐标是财富的边际价值 P_W，FB gama = 2 代表 gama = 2 时的理想情况，FB 是参数值为默认值时的理想情形，liquidation 是清算时的情形。Psi 即 ψ，跨期替代弹性。

资料来源：根据设定的标准参数值对模型进行有限差分数值计算的结果，编程语言是 matlab。

（五）资本的边际价值分析 p_K

由于破产清算期权的存在，P(K, W) 相对于资本的边际价值在小于 0 的一侧存在拐点。另外，Psi = 0.25 与 Psi = 2 的 P_K 斜率基本相同。下面是创业后的 P_K，金融资本为负的情况下，存在：

$$P_K(K, W) = p′\left(\frac{W}{K}\right) \cdot \frac{-W}{K^2} \cdot K + p(w) = p(w) - wp′(w)$$

资本的边际价值在金融财富中表现为借款，借款额为实业资本的 60% 左右时，实业资本的边际价值最大。在清算点，Psi = 2 的资本的边际价值为 0.9，另一种情形是 2。跨期替代弹性大的，实业资本的边际价值始终较大如图 3.5 所示。

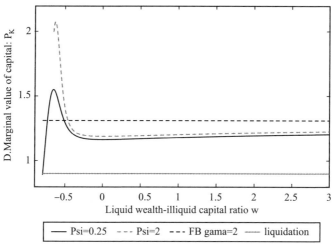

图 3.5 p_K 与 w 的数值关系

注：横坐标是流动财富与非流动性财富即资本的比率 w，纵坐标是资本的边际价值 P_K，FB gama = 2 代表 gama = 2 时的理想情况，FB 是参数值为默认值时的理想情形，liquidation 是清算时的情形。Psi 即 ψ，跨期替代弹性。

资料来源：根据设定的标准参数值对模型进行有限差分数值计算的结果，编程语言是 matlab。

（六）投资分析 i（w）

我们考虑投资 i(w) 的四种情形，清算、完全市场、Psi = 0.25、Psi = 2。清算情形下，i(w) 恒为负值；完全市场情形时，i(w) 为常数 1.55 左右。i(w) 随着 w 的增大而增大，但并不是一直线性增加的。在金融净资产小于 − 0.5 时，表现出一定的凸性。如图 3.6 所示。

只要金融财富好于创业借款 40% 左右，创业者就会增加投资。当然，实业投资的金额并不会超过完全市场的情形。在净金融财富为借款，借款为实业资本额的 65% 左右时，Psi = 2 会有一个波动，即在该点，创业者急于偿还借款，并将投资回报用于偿还借款如图 3.6 所示。

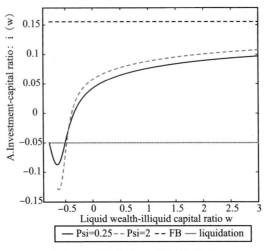

图 3.6　i(w) 与 w 的数值关系

注：横坐标是流动财富与非流动性财富即资本的比率 w，纵坐标是投资与资本的比率 i(w)，FB 代表理想情况，liquidation 指清算情形。Psi 即 ψ，跨期替代弹性。

资料来源：根据设定的标准参数值对模型进行有限差分数值计算的结果，编程语言是 matlab。

（七）有效风险厌恶 h（w）市场资产组合 x（w）分析

不同的跨期替代弹性对于有效风险厌恶的影响如何呢？在 w 小于 0 时，由于破产期权的存在，h(w) 呈现凸性，最大极值点大约在 w = -0.5。之后，有效风险厌恶趋于相对风险厌恶 γ = 2（见图 3.7）。

在金融净财富大于 0 时，有效风险厌恶即趋近于相对风险厌恶。有效风险厌恶实际上也是动态风险厌恶，它考虑的因素有 p(w)、p′(w)、p″(w) 等情形（见图 3.7）。

市场组合除以资本，其数值 x(w) 实际上反映了创业金融财富中投资于风险资产的部分始终大于 0。由于创业回报大于风险资产回报（20% > 10.6%），而风险又小（10% < 20%），所以，创业者会选择创业，而不是将财富完全投资于风险资产。即使创业者有借款，也会在风险资产有投资，因为风险资产的投资回报高于无风险利率。创业者的退出期权，同时也是一种约束，使创业者不到万不得已，不会选择退出。至于功成名就的退出情形，本模型还没有考虑，如图 3.8 所示。

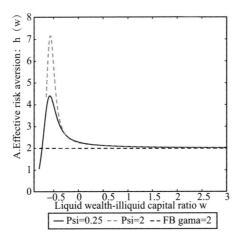

图 3.7　有效风险厌恶 h(w) 与 w 的数值关系

注：横坐标是流动财富与非流动性财富即资本的比率 w，纵坐标是有效风险厌恶函数 h(w)，FB gama = 2 代表 gama = 2 时的理想情况。

资料来源：根据设定的标准参数值对模型进行有限差分数值计算的结果，编程语言是 matlab。

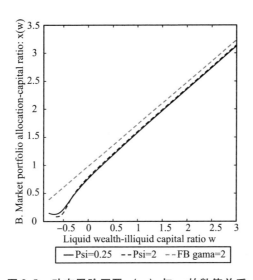

图 3.8　动态风险厌恶 x(w) 与 w 的数值关系

注：横坐标是流动财富与非流动性财富即资本的比率 w，纵坐标是市场资产配置对非流动性财富即资本的比率 x(w)，FB gama = 2 代表 gama = 2 时的理想情况。Psi 即 ψ，跨期替代弹性。

资料来源：根据设定的标准参数值对模型进行有限差分数值计算的结果，编程语言是 matlab。

（八）消费 c（w）与边际消费 c′（x）分析

图 3.9 能够帮助我们加深理解跨期替代效应的属性：（1）跨期替代弹性越大，消费水平越低。（2）跨期替代弹性的影响主要表现在净金融财富为负的情形，当 w > 0 时，消费即趋于完全市场情形。

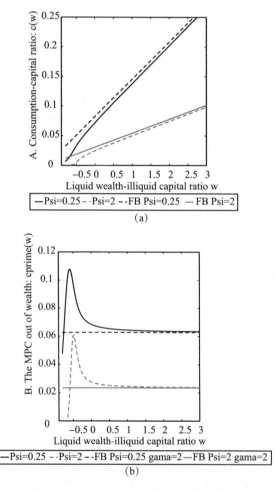

图 3.9 c（w）、c′（w）与 w 的数值关系

注：横坐标是流动财富与非流动性财富即资本的比率 w，左图纵坐标是消费与资本的比率 c（w），右图纵坐标是财富的边际消费倾向函数 c′（w）的导数，FB Psi = 2 代表 Psi = 2 时的理想情况，FB Psi = 0.25 是参数值 Psi = 0.25 时的理想情形。

资料来源：根据设定的标准参数值对模型进行有限差分数值计算的结果，编程语言是 matlab。

二、实业投资回报率波动风险 σ_A 分析

（一）综合简析

这里集中展示四种情形下的 p(w)、q(w)、P_W、P_K 四个函数图形，四种情形是完全市场、破产清算、$\sigma_A = 0.25$、$\sigma_A = 2$。之所以在图中用 sigmaa 表示 σ_A，是因为 matlab 绘图程序无法输入拉丁字母 σ_A。P_W 是企业价值 P（K，W）相对于财富 W 的边际价值，P_K 是企业价值 P（K，W）相对于资本 K 的边际价值。如图 3.10 所示，在 w > 0 时，FB > $\sigma_A = 0.2$ > $\sigma_A = 0.1$ > liquidation。即 σ_A 越高，企业价值 p（w）、q（w）、P_W、P_K 越高。在 w < 0 时，由于破产期权的影响，存在拐点。不同的 sigmaa，存在不同的破产边界。sigmaa 越大，破产边界越低。比如，sigmaa = 0.2 的破产边界约为 w = -0.6，低于 sigmaa = 0.1 时的 -0.8。

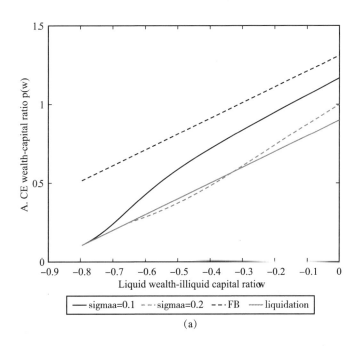

（a）

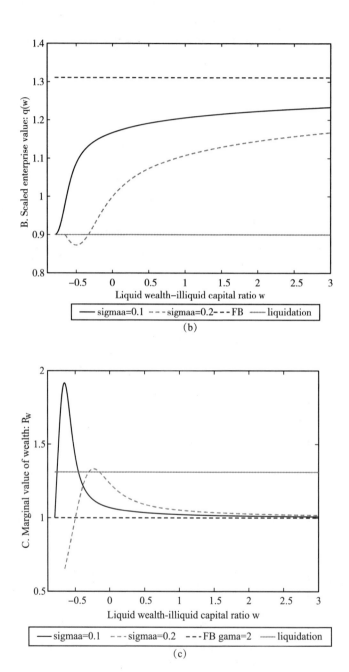

(b)

(c)

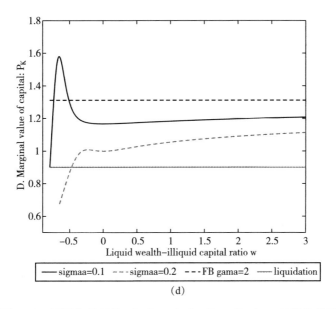

(d)

图 3. 10　不同条件下的 p(w)、q(w)、P_W、P_K 与 w 的数值关系

注：横坐标是流动财富与非流动性财富即资本的比率 w，左上图纵坐标是确定等价性财富与非流动性财富即资本的比率 p(w)，右上图纵坐标是创业企业价值 q(w)，左下图是财富的边际价值 P_W，右下图是资本的边际价值 P_K，FB gama = 2 代表 gama = 2 时的理想情况，liquidation 是清算时的情形。

资料来源：根据设定的标准参数值对模型进行有限差分数值计算的结果，编程语言是 matlab。

　　当金融财富净额表现为借款，且借款额大于实业资本的 30% 时，系统基本是比较稳定的。否则，系统会有诸多奥妙的特征。

（二）p（w）及其边际分析

1. 完全市场的确定等价性财富 p（w）与投资回报波动率 sigmaa 的大小无关

　　在完全市场情形下，也就是在金融财富极其宽松的情形下，有以下等式。

$$p^{CM} = w + q^{CM}$$

$$q^{CM} = 1 + \theta i^{CM}$$

$$i^{CM}(w) = (r+\delta) - \sqrt{(r+\delta)^2 - \frac{2}{\theta}[\mu_A - \rho\eta\sigma_A - (r+\delta)]}$$

而 i^{CM} 与 σ_A 无关，因为 $\rho = 0$。之所以如此假设，是因为这样处理后，计算难度和复杂度下降。在后续的研究项目中，我们会对 $\rho \neq 0$ 展开研究。

因此，完全市场状态时，无论 $\sigma_A = 0.1$，还是 $\sigma_A = 0.2$，我们都只有一条完全市场线，其数值大小与实业投资回报波动率无关。

2. 清算条件下的确定性等价财富 p(w) 也与 σ_A 大小无关

在清算条件下，$p^{QS} = w + q^{QS}$，且 $q^{QS} = l$。

l 是创业者创业资本中借款所占的比率，值为 0.9。我们假定当企业价值 $q(w)$ 跌破借款额，企业就应该清算，以归还银行借款。所以，p^{QS} 与 q^{QS} 都与 σ_A 无关。

3. 创业者确定等价性财富 p(w) 分析

实业投资回报波动率越大，创业者创业后的确定性等价财富越低，越容易靠近清算边缘。这个结论符合现实。高科技企业的投资回报波动率大，创业失败的概率也大。

由于创业需要坚持，创业者并不是在企业困难时就放弃。无论马云、马斯克等，都会有创业困难阶段。当实业投资回报波动率足够高（如20%）时，借款创业的企业价值有可能资不抵债，低于清算价格。这符合高科技创业的特点如图 3.11 所示。

4. 创业者确定等价性财富相对于金融财富的边际效应分析 $P_W(K, W)$

$$P_W(K, W) = p'\left(\frac{W}{K}\right) \cdot \frac{1}{K} \cdot K = p'(w)$$

由于破产清算期权的存在，$P_W(K, W)$ 在资本的边际价值在小于 0 的一侧存在拐点。在破产边界附近，sigmaa $= 0.1$ 的 P_W 要大于 sigmaa $= 0.2$。sigmaa $= 0.1$ 与 sigmaa $= 0.2$ 的两个 P_W 的交点右侧，sigmaa $= 0.2$ 时的 P_W 要大于 sigmaa $= 0.1$ 的 P_W（见图 3.12）。

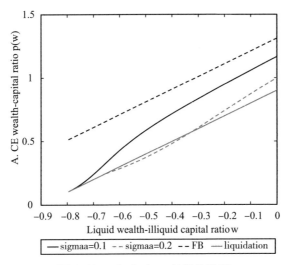

图 3.11　p(w) 与 w 的数值关系

注：横坐标是流动财富与非流动性财富即资本的比率 w，纵坐标是确定等价性财富对非流动性财富即资本的比率函数 p(w)，FB 代表理想情况，liquidation 指清算情形。

资料来源：根据设定的标准参数值对模型进行有限差分数值计算的结果，编程语言是 matlab。

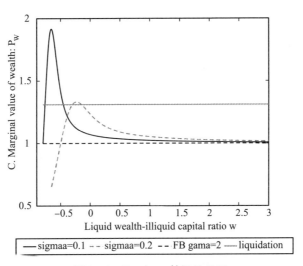

图 3.12　P_W 与 w 的数值关系

注：横坐标是流动财富与非流动性财富即资本的比率 w，纵坐标是财富的边际价值 P_W，FB gama = 2 代表 gama = 2 时的理想情况，liquidation 是清算时的情形。

资料来源：根据设定的标准参数值对模型进行有限差分数值计算的结果，编程语言是 matlab。

投资回报波动率越低，相对于金融财富的边际价值越较早地靠近清算线，边际价值大于完全市场情形如图 3.12 所示。

（三）企业者所创企业的 q 值 q（w）分析

前文已经证明了 q^{CM} 与 q^{qs} 都与 σ_A 无关，各只有一条。

1. q（w）分析

q（w）与 p（w）之间存在函数关系，q（w）= p（w）- w。破产清算时 q（w）值最低，为 0.9，与破产清算回收率相同；完全市场情况下，q（w）值最高。不同 σ_A 的 q（w）值基本处于破产清算和完全市场两种情形之间。σ 越小，q（w）值越高（见图 3.13）。

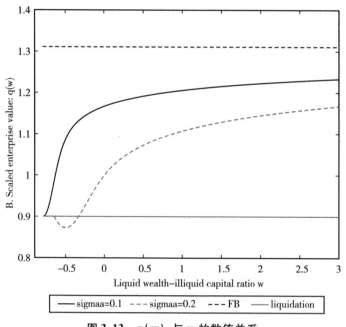

图 3.13 q（w）与 w 的数值关系

注：横坐标是流动财富与非流动性财富即资本的比率 w，纵坐标是企业价值 q（w），FB 代表理想情况，liquidation 指清算情形。

资料来源：根据设定的标准参数值对模型进行有限差分数值计算的结果，编程语言是 matlab。

所创企业的价值波动主要发生在借款创业情形。当投资回报波动率高，净金融财富小于实业资本的一半时，所创企业价值的波动风险尤其明显。这也符合现实。当企业处于金融困境时，投资者对企业价值的报价会迅速下降。创业者自己的主观评价也会下降。

2. 创业者确定等价性价值相对于实业资本 K 的边际价值 $P_K(K, W)$ 分析

（1）证明 P_K^{CM} 与 σ_A 无关

$$p^{CM} = w + q^{CM}$$

$$P_K^{CM} = p^{CM} - w \frac{\partial p^{CM}}{\partial w} = q^{CM} 是常数，与 \sigma_A 无关$$

（2）证明 P_K^{QS} 与 σ_A 无关

$$p^{QS} = w + l$$

$$P_K^{QS} = p^{QS} - w \frac{\partial p^{QS}}{\partial w} = l 是常数，与 \sigma_A 无关$$

3. $P_K(K, W)$ 分析

由于破产清算期权的存在，$P_K(K, W)$ 在小于 0 的一侧存在拐点。下面是创业后的 P_K 公式：

$$P_K(K, W) = p'\left(\frac{W}{K}\right) \cdot \frac{-W}{K^2} \cdot K + p(w) = p(w) - wp'(w)$$

实业资本的边际价值在完全市场情形与清算情形之间，实业投资回报的波动率越小，越远离清算线如图 3.14 所示。

（四）投资分析 i（w）与 i′（w）

前文已经证明 i^{CM} 是常数，与 σ_A 无关。

1. $i^{QS} = -0.05$ 与 σ_A 无关

$$i^{QS}(w) = \frac{1}{\theta}\left[\frac{p^{QS}(w)}{p'^{QS}(w)} - w - 1\right] = 0.5 \times (0.9 - 1) = -0.05$$

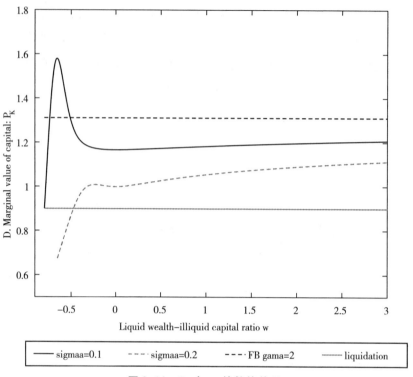

图 3.14 P_K 与 w 的数值关系

注：横坐标是流动财富与非流动性财富即资本的比率 w，纵坐标是资本的边际价值 P_K，FB gama = 2 代表 gama = 2 时的理想情况，liquidation 是清算时的情形。

资料来源：根据设定的标准参数值对模型进行有限差分数值计算的结果，编程语言是 matlab。

2. i(w) 分析

从图 3.15 中我们可以发现：（1）在其他条件不变的情况下，实业投资回报的波动率越小，投资越多。（2）sigmaa = 0.2 时，约在 w = - 0.25 的情况下出现投资最低值，约为 - 0.12；sigmaa = 0.1 时，约在 w = - 0.65 的情况下出现投资最低值，约为 - 0.8。（3）在投资回报波动率为 0.20 时，金融财富需与实业投资金额相当，才会有新增投资。如果金融财富为实业投资的 50%，仍然处在清算边界。可见，新增投资受到投资回报波动率的影响非常大。

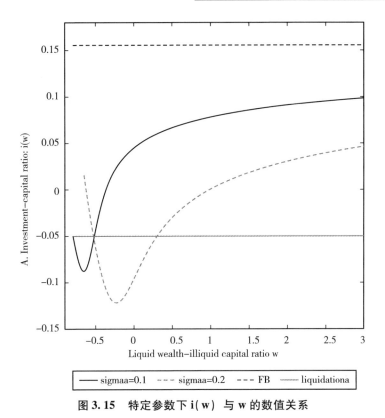

图 3.15 特定参数下 i(w) 与 w 的数值关系

注：横坐标是流动财富与非流动性财富即资本的比率 w，纵坐标是投资对非流动性财富即资本的比率函数 i(w)，FB 代表理想情况，liquidation 指清算情形。

资料来源：根据设定的标准参数值对模型进行有限差分数值计算的结果，编程语言是 matlab。

3. i'(w) 的分析

当金融财富约是实业资本的 2 倍，增加一单位金融财富带来的实业投资约增加 0。所以，除非创业者的金融财富能够支撑起新的创业项目，否则，其金融财富充裕到一定程度，并不能增加原创业项目。早期增加投资是通过减少撤资来实现的。即创业者从创业项目中获得的资金主要用来偿还借款。其边际价值甚至达到了实业资本的 60%（见图 3.16）。可以想象，不少民营企业由于年底银行抽贷，被迫到民间去借高利贷。这也是符合现实的。

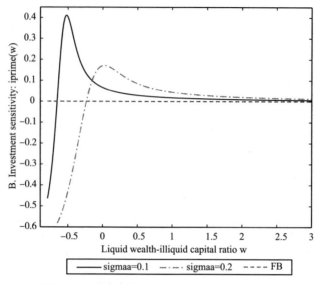

图 3.16 特定参数下 I′（w）与 w 的数值关系

注：横坐标是流动财富与非流动性财富即资本的比率 w，纵坐标是投资敏感性函数即 i（w）的导数，FB 代表理想情况。

资料来源：根据设定的标准参数值对模型进行有限差分数值计算的结果，编程语言是 matlab。

（五）消费分析 c（w）与 c′（w）

1. 证明 c^{CM}（w）与 sigmaa 无关

$$c^{CM}(w) = m^{CM}(w + q^{CM})$$

$$m^{CM} = b^{1-\psi}\zeta^{\psi}$$

$$b = \zeta\left[1 + \frac{(1-\psi)}{\zeta}\left(r - \zeta + \frac{\eta^2}{2\gamma}\right)\right]^{\frac{1}{1-\psi}}$$

上面三个式子都与 σ_A 无关，所以完全市场条件下的消费 c（w）与 σ_A 无关，所以只有一条线，即"FB"线。在 w > 0 时，c（w）的值，FB > sigmaa = 0.1 > sigmaa = 0.2 > liquidation；而 w > 0 时，c′（w）的值，sigmaa = 0.2 > sigmaa = 0，1 > FB/liquidation。由于图 3.17（a）中 FB 与 liquidation 的斜率相同，所以，图 3.17（b）中 FB 与 liquidation 两条线重合了（见图 3.17）。

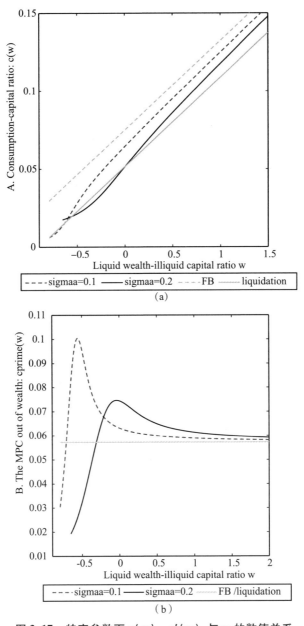

图 3.17　特定参数下 c(w)、c′(w) 与 w 的数值关系

注：横坐标是流动财富与非流动性财富即资本的比率 w，图（a）纵坐标是消费对非流动性
财富即资本的比率函数 c(w)，图（b）纵坐标是财富的边际消费倾向 c′(w)，FB 代表理想情况，
liquidation 指清算情形。

资料来源：根据设定的标准参数值对模型进行有限差分数值计算的结果，编程语言是 matlab。

2. 证明 $c^{QS}(w)$ 与 sigmaa 无关

QS 是清算汉语拼音 qingshuan 的第一个字母的合写。

$$c^{QS}(w) = m^{QS}(w+1)$$

$$m^{QS} = b^{1-\psi}\zeta^{\psi} = m^{CM}$$

$$b = \zeta\left[1 + \frac{(1-\psi)}{\zeta}\left(r - \zeta + \frac{\eta^2}{2\gamma}\right)\right]^{\frac{1}{1-\psi}}$$

所以，清算线一条，即"liquidation"线。

3. 分析 $c(x)$

在投资回报率均值不变的前提下，投资回报波动率越小，消费越高。这丰富了西方经济学的认知，就是消费与投资回报的波动率有关系。

4. 分析 $c'(x)$

此时，"FB"线只有一条。如图 3.17 所示，$c'^{CM}(w) = m^{QS} \approx 0.057$。相对来说，投资回报波动率越小，其边际消费倾向越高。

（六）有效风险厌恶 h(w) 与市场资产组合 x(w) 分析

有效风险厌恶 h(w) 最终收敛于相对风险厌恶 $\gamma = 2$。由于破产期权的存在，h(w) 呈现凸性。靠近破产边界，sigmaa $= 0.1$ 时的 h(w) 大于 sigmaa $= 0.2$ 时的 h(w)；在交点右侧，sigmaa $= 0.2$ 的那条线的 h(w) 值更大些。同样，由于破产期权的存在，x(w) 呈现凹性。靠近破产边界，sigmaa $= 0.2$ 时的 x(w) 大于 sigmaa $= 0.1$ 时的 x(w)；在交点右侧，sigmaa $= 0.1$ 的那条线的 x(w) 值更大些。我们知道，资产配置总是要配置于收益大风险小的资产。所以，右图的 x(w) 符合理论和常识，如图 3.18 所示。

1. 两条 h(w) 线趋于同一条 gama 线

原因是：我们在计算时，设定了二者同样的 gama 值。当创业者从银行借款创业时，较低的实业投资回报波动率对应着较高的有效风险厌恶水平。当金融财富水平为正时，投资回报波动率小的情形，其有效风险厌恶相对小一些。

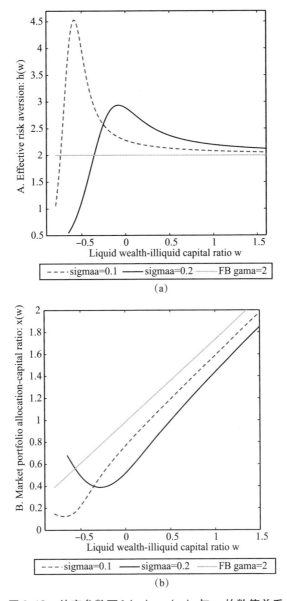

图 3.18　特定参数下 h(w)、x(w) 与 w 的数值关系

注：图 3.18 考察了波动率 sigmaa 是 0.1 和 0.2 的情形，横坐标是流动财富与非流动性财富即资本的比率 w，图 3.18（a）纵坐标是有效风险厌恶函数 h(w)，图 3.18（b）纵坐标是市场资产配置与资本的比率即函数 x(w)，FB gama = 2 代表 gama = 2 时的理想情况，FB 是参数值为默认值时的理想情形。

资料来源：根据设定的标准参数值对模型进行有限差分数值计算的结果，编程语言是 matlab。

2. 风险资产投资 x（w）分析

风险资产（如股票），给创业者带来不菲的收入。我们发现，当金融财富为负时，创业者仍然有资金投资于风险资产，只不过其金额有一个下降再到上升的过程，并不是单调上升的，如图 3.18 所示。

三、调整成本 θ 分析

乍一看，似乎就有这样的结论，调整成本 θ 的下降，将有利于企业价值、消费与风险资产配置。真的吗？我们来看看。

（一）企业 q 值分析 q（w）

p（w）= p（W/K）= P（K，W）/K，暗含了假设 P（K，W）是 K 的齐次函数。q（w）与 p（w）之间存在函数关系，q（w）= p（w）− w。清算时 q 值最低，为 0.9；完全市场情况下，q 值最高。不同 θ 值的调整成本处于二者之间。theta 即 θ，由于 matlab 绘图于无法输入希腊字母，只能用发音代替。

从图 3.19 可以看出：（1）较高的调整成本，确实意味着较低的企业价值和创业者确定性等价价值。但是，事情只说对了一半。因为考虑到边际价值，情况则有一个先高后低的过程。（2）当金融资产为负时，如果借款大于实业资本的 35% 时，较高的调整成本阻碍了新的创业者进入同样的市场，从而产生了较高的边际价值。

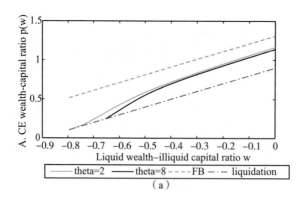

（a）

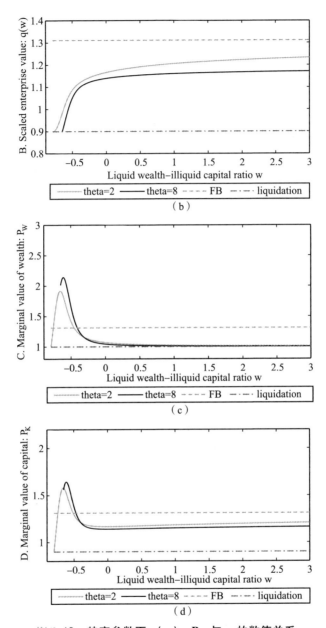

图 3.19 特定参数下 p(w)、P_W 与 w 的数值关系

注：横坐标是流动财富与非流动性财富即资本的比率 w，左上图纵坐标是确定等价性财富与非流动性财富即资本的比率 p(w)，右上图纵坐标是创业企业价值 q(w)，左下图是财富的边际价值 P_W，右下图是资本的边际价值 P_K，FB 是参数值为默认值时的理想情形，liquidation 是清算时的情形。

资料来源：根据设定的标准参数值对模型进行有限差分数值计算的结果，编程语言是 matlab。

我们发现了一个秘密，就是调整成本对创业企业的影响与创业者的负债有关，也就是与行业特点有关。创业企业负债较高时，这种较高的行业进入成本有利于企业价值。所以，对于需要较多实业投资的行业，由于需要负债投资，较高的调整成本对企业克服短期困难有利。对于轻资产的行业，创业者资金宽松，这里行业的调整成本越低，对行业越有利。

（二）投资分析 i（w）

我们考虑投资 i（w）的四种情形，破产清算、完全市场、theta = 2、theta = 8。破产清算情形下，i（w）恒为负值；完全市场情形时，i（w）为常数，值在 0.04 左右。i（w）随着 w 的增大而增大，但并不是一直线性增加的。在金融净资产小于 -0.5 时，表现出一定的凹性。图 3.20，theta 对 i′（w）的影响效果，取决于 w 值。一般来说，调整成本越低，i′（w）越大。但是，在 -0.5 ~ 0.1 的大致区间，theta = 8 的 i′（w）大于 theta = 2 的 i′（w）。iprime（w）即 i′（w），由于 matlab 绘图于无法输入 " ′ " 号，只能用 prime 代替。

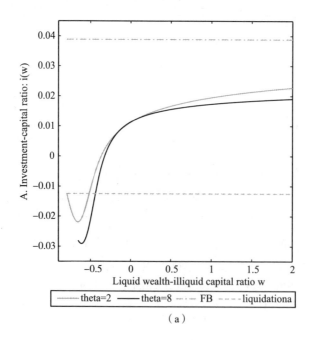

（a）

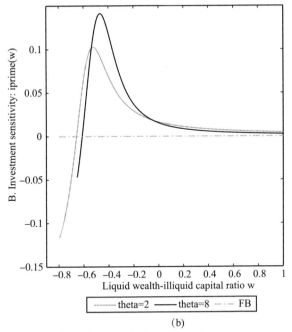

(b)

图 3. 20　特定参数下 i(w)、i′(w) 与 w 的数值关系

注：横坐标是流动财富与非流动性财富即资本的比率 w，图 3.20（a）纵坐标是投资与资本的比率即函数 i(w)，图 3.20（b）纵坐标是投资敏感性函数即 i′(w)，FB 代表理想情况，liquidation 指清算情形。

资料来源：根据设定的标准参数值对模型进行有限差分数值计算的结果，编程语言是 matlab。

从图 3.20 可以看出：（1）较高的调整成本系数阻碍新增投资，调整成本系数越高，投资越低。（2）较高的调整成本系数对边际投资的影响，在金融财富 w 大于 0.05 时，或者小于 -0.55 时，较高的调整成本的边际投资值较小。

（三）消费分析 c（w）

从直觉来说，调整成本低会增加创业者的企业价值，从而有利于消费 c(w)。有限差分的数值分析结果确实如此。而且，当 w 足够宽松时，调整成本越小，c′(w) 也越高。

从图 3.21 可以看出：（1）在 w < -0.3，调整成本较高时，消费也较低。可能与收入相对较低有关。（2）当 w > -0.3 时，二者的消费非常接近。（3）其边际消费的变化节点与边际投资的变化节点基本一样，二者的曲线形态也

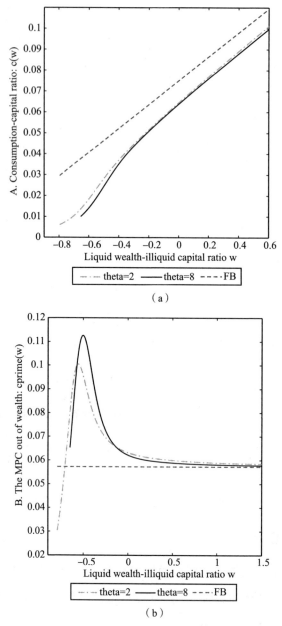

（a）

（b）

图 3.21　特定参数下 c(w)、c′(w) 与 w 的数值关系

注：横坐标是流动财富与非流动性财富即资本的比率 w，左图纵坐标是消费对非流动性财富即资本的比率即函数 c(w)，左图纵坐标是财富的边际消费倾向即 c′(w)，FB 代表理想情况。

资料来源：根据设定的标准参数值对模型进行有限差分数值计算的结果，编程语言是 matlab。

基本一样。约在（﹣0.57，﹣0.15），调整成本高的边际消费倾向反而高。对于我国来说，政府通过系统性地降低调整成本，能够增加创业者收益，从而增加整个社会的投资和消费。降低税费、公司降低注册资本金要求、取消行业禁入等，都系统性地降低了调整成本。如果调整成本是0，则是较理想的市场经济了。

（四）有效风险厌恶与风险资产市场资产组合 x（w）分析

已知 $h(w) = \gamma p'(w) - p(w)p''(w)/p'(w)$，通过有限差分的结果 $p(w)$、$p'(w)$ 和 $p''(w)$，可以间接计算 $h(w)$。调整成本 θ 对于有效风险厌恶的影响如何呢？在 w 小于 0 时，由于破产期权的存在，$h(w)$ 呈现凸性。对于 $h(w)$ 来说，theta = 2 与 theta = 8 这两条线有两个交点，在靠近破产清算附近的 w 时，以及 w 足够宽松时，都是 theta 较小的线有着更大的 $h(w)$。但是，theta = 2 和 theta = 8 时的有效风险厌恶都很快地趋于相对风险厌恶 $\gamma = 2$，在 w = 1 之后，二者基本一样了。

对于 x（w）来说，调整成本的影响很小，在 w > ﹣0.2 之后，theta = 2 和 theta = 8 这两条线基本就重合了。由于破产清算期权的保护，x（w）表现出了凹性，如图 3.22 所示。

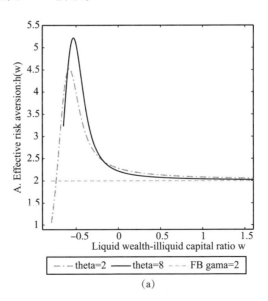

（a）

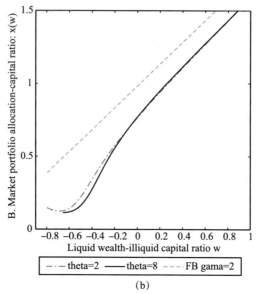

(b)

图 3. 22　特定参数下 h(w)、x(w) 与 w 的数值关系

注：横坐标是流动财富与非流动性财富即资本的比率 w，图 3. 22（a）纵坐标是有效风险厌恶函数h(w)，图 3. 22（b）纵坐标是市场资产组合与资本的比率即函数 x(w)，FB gama = 2 代表 gama = 2 时的理想情况。

资料来源：根据设定的标准参数值对模型进行有限差分数值计算的结果，编程语言是 matlab。

从图 3.22 可以看出：（1）在（-0.6，-0.18）之间，较高调整系数的有效风险厌恶特性与边际消费、边际投资极其相似。（2）进行较高调整系数的行业的创业者，其配置的风险资产数量相对要少一些。

四、清算回收率 l 分析

（一）创业者确定性等价 p（w）、企业价值 q（w）及边际分析 P_K（K，W）、P_W（K，W）

1. p^{CM}、q^{CM} 与 l 无关

$$p^{CM} = w + q^{CM}$$

$$q^{CM} = 1 + \theta i^{CM}$$

$$i^{CM}(w) = (r+\delta) - \sqrt{(r+\delta)^2 - \frac{2}{\theta}\left[\mu_A - \rho\eta\sigma_A - (r+\delta)\right]}$$

2. P_K^{CM}、P_W^{CM} 都是常数，与 l 无关

（1）证明 P_K^{CM} 与 l 无关，是常数

$$p^{CM} = w + q^{CM}$$

$$P_K^{CM} = p^{CM} - w\frac{\partial p^{CM}}{\partial w} = q^{CM} \text{是常数，与 } \sigma_A \text{ 无关}$$

（2）证明 P_W^{CM} 与 l 无关，是常数

$$P_W^{CM} = \frac{\partial p(w)}{\partial w} = 1$$

（3）在清算条件下，p^{QS}、P_K^{QS} 与 l 有关，P_W^{QS} 与 l 无关

$$p^{QS} = w + q^{QS} = w + l, \text{ 且 } q^{QS} = l。$$

$$P_K^{QS} = p^{QS} - w\frac{\partial p^{QS}}{\partial w} = l$$

$$P_W^{QS} = \frac{\partial p^{QS}}{\partial w} = 1$$

破产清算回收率影响破产清算期权的行使，从而深刻地影响所有经济行为的左侧表现。我们只设置了 l = 0.8 与 l = 0.9 两种情形。从数值求解的角度，作为有限差分的求解方法，当 l 较小时，如 l = 0.5，方程差不多无解。我们近似认为，相对于破产清算的无限责任来说，哪怕破产清算回收率低一些，创业的动力也会大一些。所以，虽然合伙等创业制度在西方有着传统的优势，有限责任则是创业产权的主流。甚至于风险投资这种形式，创业者甚至不需要出资，只需要出点子，出人力资本，通过团队努力，来实现商业上的抱负。所以，模型的这种分析结果也是与现实相符的。

如图 3.23 所示，p（w）、q（w）、P_W、P_K 的图形也与前述相似。

3. p（w）、q（w）、P_K（K，W）、P_W（K，W）分析

（1）当金融财富与实业资本的比值不超过借款 40％ 时，l 对 p（w）的值没有影响。（2）l 值越小，p（w）在借款超过一定金额时，越容易被清算，且明显低于 l 较大的。（3）l = 0.8，w < −0.65 时，也可能被清算。

（4）l越小，边际价值 P_W 和 P_K 在 $w = -0.5$ 附近波动越大。

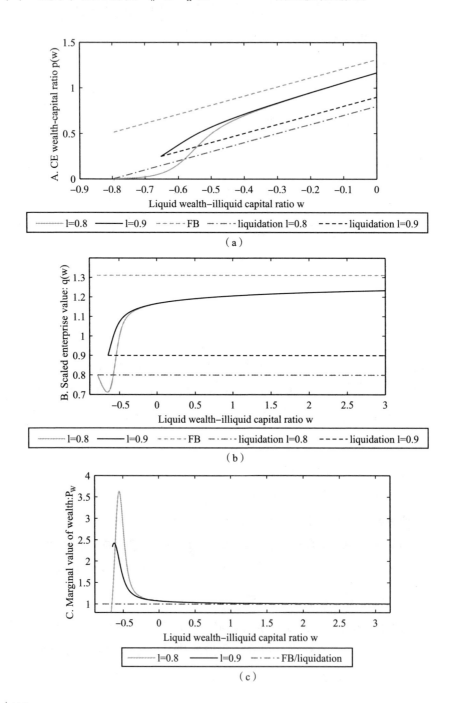

（a）

（b）

（c）

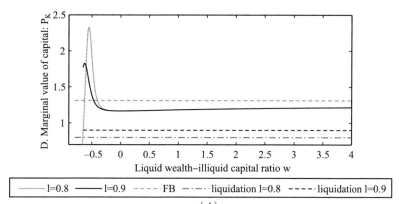

（d）

图 3.23　特定参数下 p(w)、P_W 与 w 的数值关系

注：横坐标是流动财富与非流动性财富即资本的比率 w，图 3.23（a）纵坐标是确定等价性财富与非流动性财富即资本的比率 p(w)，图 3.23（b）纵坐标是创业企业价值 q(w)，图 3.23（c）是财富的边际价值 P_W，图 3.23（d）是资本的边际价值 P_K，FB 是参数值为默认值时的理想情形，liquidation 是清算时的情形，考察了 l=0.8 与 l=0.9 两种情况。

资料来源：根据设定的标准参数值对模型进行有限差分数值计算的结果，编程语言是 matlab。

（二）投资分析 i（w）

1. i^{CM}、$\dfrac{\partial i^{CM}}{\partial w}$ 与 l 无关

$$i^{CM}(w) = (r+\delta) - \sqrt{(r+\delta)^2 - \frac{2}{\theta}\left[\mu_A - \rho\eta\sigma_A - (r+\delta)\right]}，与 l 没有关系$$

$$\frac{\partial i^{CM}}{\partial w} = 0$$

2. i^{QS}、$\dfrac{\partial i^{QS}}{\partial w}$ 与 l 无关

$$i^{QS}(w) = \frac{1}{\theta}\left[\frac{p^{QS}(w)}{p'^{QS}(w)} - w - 1\right] = 0.5 \times (0.9 - 1) = -0.05$$

$$\frac{\partial i^{QS}}{\partial w} = 0$$

我们考虑投资 i（w）的四种情形，破产清算（liquidationa）、完全市场（CM）、l=0.8、l=0.9。破产清算情形下，i（w）恒为负值即 -0.05%；完全市场情形时，i（w）为常数 1.55 左右。i（w）随着 w 的增大而增大，但并不是

一直线性增加的。在金融净资产小于 -0.5 时，表现出一定的凹性。如图 3.24。

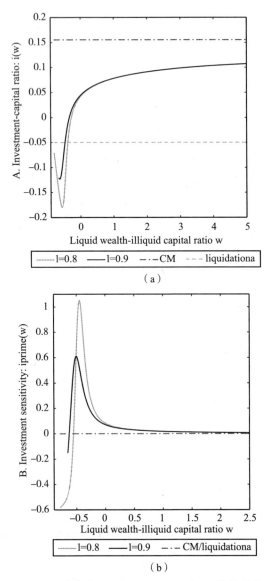

（a）

（b）

图 3.24　特定参数下 i(w)、I′(w)　与 w 的数值关系

注：横坐标是流动财富与非流动性财富即资本的比率 w，图 3.24 纵坐标是投资与资本的比率即函数 i(w)，图 3.24 反映了投资敏感性，是投资函数 i(w) 对 w 的导数，CM 代表完全市场的情况，liquidation 指清算情形。

资料来源：根据设定的标准参数值对模型进行有限差分数值计算的结果，编程语言是 matlab。

在 w = -0.5 附近，i'(w) 达到最大值。也就是说，在 w < 0 时，边际投资率反而明显大于 0。但是，当 w 接近破产清算时，i'(m) 为负。也就是说 w = -0.5 是 i'(m) 的拐点。

3. i(w) 与 i'(w) 分析

（1）当金融财富 w > 0 时，i(w) 与 i'(w) 比较稳定。（2）投资 i(w) 与 i'(w) 并不是单调递增的。（3）在 w < 0 时的复杂变化，往往让创业者难以判断，消耗过多精力。

（三）消费分析 c(w)

l 既是借款比率，也是破产清算的资产回收比率，假设破产费用为 0。

1. $c^{QS}(w)$ 与 l 有关，$c^{CM}(w)$ 与 l 无关

（1）m^{CM} 与 l 无关

正面两个公式都不含有参数 l。

$$m^{CM} = b^{1-\psi}\zeta^{\psi} = \left(\frac{b}{\zeta}\right)^{1-\psi} \cdot \zeta$$

$$b = \zeta\left[1 + \frac{(1-\psi)}{\zeta}\left(r - \zeta + \frac{\eta^2}{2\gamma}\right)\right]^{\frac{1}{1-\psi}}$$

（2）$c^{CM}(w)$ 与 l 无关

$$c^{CM}(w) = m^{CM}(w + q^{CM})$$

式中右边的因素都与 l 无关。

（3）$c^{QS}(w)$ 与 l 有关

$$c^{QS}(w) = m^{CM}(w + 1)$$

（4）$c^{CM}(w)$ 与 $c^{QS}(w)$ 的导数为 m^{CM}

$$m^{CM} = 0.573$$

当破产清算的威胁解除的时候，破产回收率对 c(w) 和 c'(w) 的影响就会消失。事实正是这样，当 w > 0 时，l = 0.8 与 l = 0.9 的 c(w) 与 c'(w) 都重合了。在破产边界附近，破产回收率越高，c(w) 越高。但是，c'(w) 则越低。图 3.25 符合实践经验。

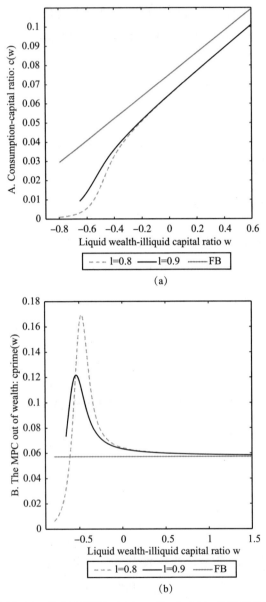

图 3.25　特定参数下 c(w)、c′(w) 与 w 的数值关系

注：横坐标是流动财富与非流动性财富即资本的比率 w，纵坐标是消费对非流动性财富（资本）的比率，即函数 c(w)，FB 代表理想情况。

资料来源：根据设定的标准参数值对模型进行有限差分数值计算的结果，编程语言是 matlab。

我们考虑投资 h(w) 和 x(w) 的三种情形，完全市场（FB）、l=0.8、l=0.9。c(w) 随着 w 的增大而增大，但并不是一直线性增加的。在金融净资产小于 -0.6 时，c(w) 表现出一定的凹性。如图 3.24 所示。

在 w= -0.5 附近，c'(w) 达到最大值，即边际消费达到最大值。所以，破产清算回收率影响了破产边界附近的经济行为。

为了简化，图中没有画清算线，不影响分析。

2. c(w) 与 c'(w) 的特性

（1）在 w> -0.2 时，消费与线性增长。（2）w< -0.2 时：l=0.8，i'(-0.47)≈0.17；l=0.9，i'(-0.54)≈0.12。也就是说，l 值越小，拐点越靠右，消费越小，而边际效应的峰值越大。

（四）市场资产组合 x（w）分析

$$h(w) = \gamma p'(w) - \frac{p(w)p''(w)}{p'(w)}$$

可以看出：（1）h(w) 含有 p(w) 的二次导数，其函数形式复杂，形态也复杂。（2）h(w) 的图像形态与 c'(w)、i'(w)、p'(w) 及 $P_K(K, W)$ 非常相似。（3）i(w)、c(w)、p(w) 等都有拐点和极值。

l=0.8，h(-0.5) =9.48，x(-0.57) =0.065

l=0.9，h(-0.56) =5.96，x(-0.79) =0.095

当破产清算的威胁解除的时候，破产回收率对 h(w) 和 x(w) 的影响就会消失。事实正是这样，当 w>0 时，l=0.8 与 l=0.9 的 h(w) 与 x(w) 都重合了。在破产边界附近，破产回收率越高，h(w) 越高，x(w) 越低。图 3.26 符合理论认知。

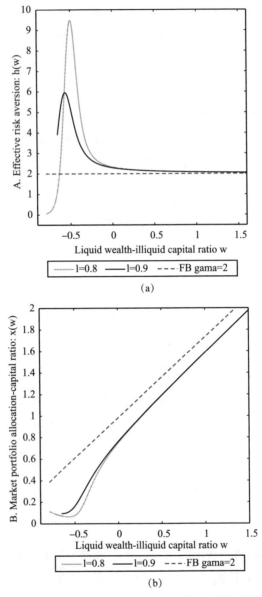

(a)

(b)

图 3. 26　特定参数下 h（w）、x（w）与 w 的数值关系

注：横坐标是流动财富与非流动性财富即资本的比率 w，纵坐标是有效风险厌恶函数 h（w），
FB gama = 2 代表 gama = 2 时的理想情况。

资料来源：根据设定的标准参数值对模型进行有限差分数值计算的结果，编程语言是 matlab。

第二节　我国高科技创业动态随机局部均衡模型数值解及中美比较分析

我们的研究隐含着这样的假设，中、美创业动态随机局部均衡遵循同样的机制，可以用同样的模型来表达，其差异主要表现在模型中参数值的差异。或者说，模型中参数值的差异已经概括了我们通常所认为的中、美创业的具体差异。①模型参数值的中、美比较分析；②创业动态随机局部均衡模型变量值的比较分析；③这种差异的原因、结果与政策建议。

一、中美比较分析

（一）如何认识明显差异的结果

我们从数字上发现了中、美创业经济学方面的明显不同，主要是在借款创业的情形。原因是什么？有什么不同？如何认识其结论的合理性？在政策上有什么建议？研究方法与思路是否有值得改进的地方？

这种差异是必然，还是由数学上的巧合形成的呢？研究方法与推理上是否有漏洞？总之，我们需要深刻思考，才能得出比较明确的结论。

目前，我们得出的一些结论都是初步的。我们担心，是不是有隐藏的谬误，没有被我们发现。

（二）模型中，中美参数值的差异

在表3.1中列出了中美参数对比的数值。中美参数对比本身就是值得研究的重要课题，具体数值可能会有争议。美国的数据引用了国外文献，而国内的数据特别是中国无风险收益率设定得比美国的低，可能会有不同意见。因为中国的贷款利率往往比美国的稍高，GDP也高于美国。但是，中国的

利率实际上被人为抬高了，因为降低利率会对外汇储备造成压力；并且，利率降低会使资金流向房地产，加剧地产经济泡沫。所以，当前官方利率高于真正的无风险利率。从上市公司的赢利也能看出来，除了垄断性国企，其他企业的赢利能力普遍不够好。现在国家通过财政减税，来缓冲企业的这种利率负担。基于这种现实，我认为我国较低的无风险利率设定是合理的。至于美国的利率，本来美联储要加息，但是，由于特朗普总统的极力干预，维持了较低的利率。所以，本书所设定的美国无风险利率也是合理的。

表 3.1   中美参数值对照

中国参数	美国参数	中美相同
$r = 0.025$	$r = 0.046$	$\theta = 2$
$\mu_S = 0.05$	$\mu_S = 0.106$	$\psi = 0.5$
$\sigma_A = 0.2$	$\sigma_A = 0.1$	$\gamma = 2$
$\delta = 0.2$	$\delta = 0.125$	$\mu_A = 0.2$
$l = 0.8$	$l = 0.9$	$\sigma_S = 0.2$

资料来源：美国的参数值是根据国外文献整理的结果，中国的值是根据经验估算的。

1. 折旧率

中国为 20%，美国为 12.5%。

2. 风险资产（如股市）的投资回报率

中国为 4%，美国为 10.6%。由于中国股市多次股灾，投机性强，而且熊长牛短，往往吞噬创业者的资金。不少创业者将资金投入股市，期望能够博得一些利润回来。根据国外的投资理论，股市投资回报率一定要高于无风险利率，否则，经济理论的所有公式都无法求解了。另外，中国民间借贷利率高，推高创业者成本。这两个因素让我国创业者的经济方程十分难看。

在当前创业浪潮背景下，创业情绪高涨主要是政策性因素。（1）创业板上市造富的示范效应。我国的股市对投资者不利，但是，对上市公司是有利的。（2）政府的资金扶持，如奖励机制、基金扶持、利率优惠、税收优惠、高科技园区等因素，抵销了部分高科技企业借款利率高的情形。而这些因素并没有显性考虑在模型之内。

3. 实业投资回报的波动率

创业企业的死亡率高，我们将波动率设为 20%，美国是 10%。我国是个发展中国家，市场还不成熟，一般来说，创业者会遇到更多的困难。当然，进入国家扶持目录的创业企业，会有更多的机会。

4. 无风险利率

中国为 2.5%，美国为 4.6%。

二、我国创业企业价值相关分析

（一）综合分析

这里集中展示了 p(w)、q(w)、P_W、P_K 四个函数图形，每个函数考虑四种情形，完全市场、破产清算、$\gamma = 2$、$\gamma = 4$。之所以在图中用 gama，是因为 matlab 绘图程序无法输入拉丁字母 γ。P_W 是企业价值 P(K，W) 相对于财富 W 的边际价值，P_K 是企业价值 P(K，W) 相对于资本 K 的边际价值。如图 3.27，相应的中国参数表现出来的创业数据不够理想。一

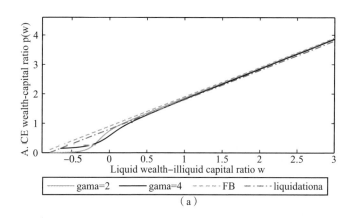

（a）

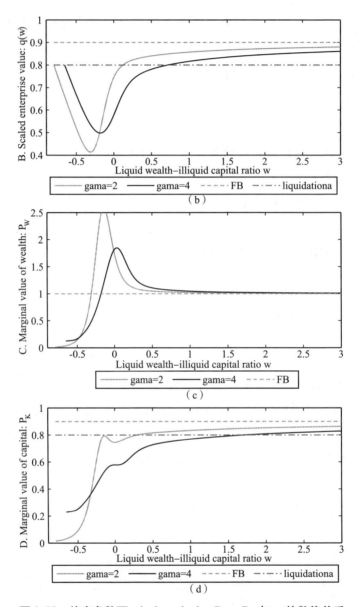

图 3.27　特定参数下 p(w)、q(w)、P_W、P_K 与 w 的数值关系

注：横坐标是流动财富与非流动性财富即资本的比率 w，图 3.27（a）纵坐标是确定等价性财富与非流动性财富即资本的比率 p(w)，图 3.27（b）纵坐标是创业企业价值 q(w)，图 3.27（c）是财富的边际价值 P_W，图 3.27（d）是资本的边际价值 P_K，FB 是参数值为默认值时的理想情形，liquidation 是清算时的情形。

资料来源：根据设定的标准参数值对模型进行有限差分数值计算的结果，编程语言是 matlab。

是 P(K，W) 曲线黏合在一起，破产清算与完全市场情形之间的经济行为差异不大。二是企业价值 q(w) 很容易跌破破产清算回收率。gama = 2 时，w > 0 时，q(w) > 0；gama = 4 时，w > 0.5，q(w) > 0。很明显，创业者创业获利空间不足，需要外在援助。

这将促使我们反思，问题到底出在哪儿？

1. 基本发现

我们发现：（1）将中国的数据代入后，$q^{CM} \approx 0.94$ 与借款比率 l 十分接近。由于 l 是清偿线，所以企业生存的空间异常狭窄。当我们把经济变量的值代入创业经济学方程后，这些数值基本上使得创业必须让银行承担风险才能够运行。后文会专门对此进行讨论。（2）确定性等价的创业者价值的资本边际价值接近单调上升，不像美国那样是先降后升。

2. 为什么清算价值与完全市场价值如此接近？有什么启示？

为什么如此接近？（1）模型假设 ρ = 0，但实际上是错误的，因为股票市场与实业投资回报之间有广泛联系，典型的是负相关，即实业投资亏损，将资金打入股市。当该假设错误时，我们算出来的完全市场条件下的 q^{CM} 也就是错的了。在 ρ ≠ 0 时，q^{CM} 的表达式恐怕都难以求出来。（2）市场制度不完善，不同市场板块之间的地位不协调。我国改革开放 40 多年，经济发展速度快，但是也累积了不少经济问题，僵化在经济体制当中。如互联网经济与实体经济的矛盾，股票等资本市场与实体经济的矛盾，产业结构的矛盾，间接金融制度与金融去杠杆之间的矛盾，民间借贷与官方借贷的市场利率之间的巨大差异，等等。我国的资本市场对投资者不够友善，但是，对上市公司却异常友好。股票投资回报一直不高，风险大。（3）市场制度不完善不是根本性问题，而我国所处的经济形势不妙，"三期叠加"，创业自然艰难。由于经济形势不好，股票市场回报率低，波动性高，这些因素是主要的，制度不完善是次要的。

不管怎么说，创业的客观条件并不是很完善，那么该如何促进高科技创业呢？（1）投资成功回报率达到上百倍的强刺激，所谓重赏之下，必有勇夫，如创业板上市。（2）风险资本主动出击。我国的互联网巨无霸，都有自己的投资基金和投资理念，都在积极进行布局，它们会覆盖和带动一些相关企业创业。(3) 高科技园区的配套政策，宣传、奖励、减税、减利息、资金配套、解决户口等招数，都能够对创业者进行多方位的补偿。(4) 龙头企业带动。通过"千人计划"等举措吸引高科技海外人才回国创业，庞大的国内市场的吸引力是巨大的。

我们仍然要重视市场制度的完善，尤其要思考重要经济变量之间的互动平衡机制，如汇率、利率等重要问题，要系统性地提出解决方案。因为西方"头痛医头，脚痛医脚"的方式是难以解决系统性的难题的。

在当前经济存在泡沫的情形下，我们要化弊为利。(1) 人才与制度配套，用高价格吸引国外顶级人才，带动理论研究和高科技创业。人才是无价之宝。(2) 防范金融风险，避免泡沫刺破导致经济硬着陆；大力推进改革，用实际成绩把泡沫慢慢填实。(3) 让重大工程项目带动科技发展，为高科技创业提供土壤。

（二）确定等价性财富 p（w）、企业价值 q（w）分析

一定时期，这符合我们的创业企业融资现实。银行不愿意贷款给创业企业，风投、产业基金、财政补贴等模式的综合运用，可以改变这种不利的处境。在中美贸易战中，美国要求中国取消对高科技行业发展的补贴。由于中国高科技产业发展政策的执行，重要工具就是各种形式的扶持和补贴。

如图 3.28 说明，在 w < 0 时，企业价值 q（w）甚至比不破产清算更糟。这种创业条件明显不如美国。但是，我们的各种创业条件在改变，在变好。所以，有必要研究新的参数条件下，新的创业经济行为。模型结论与当前现实大抵相符。当系统内生的创业价值生成不足时，外在为创业注入价值的政策配套就尤其重要的。我们知道，我们创业板的不少企业靠卖房子或者财政补贴来保壳。创业贷款、高科技补贴、高科技上市等都是补贴形式。对于中国的创业企业来说，负债降低了创业企业价值。

在直接金融不发达的情况下，创业者主要通过向银行借款来创业，企业价值容易跌到清算线以下，是银行给了创业者翻本的机会。对于创业风险来说，最好还是直接融资，特别是高科技创业，因为创业成功的回报往

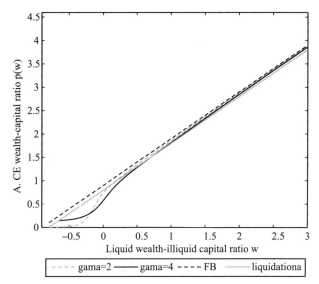

注：横坐标是流动财富与非流动性财富即资本的比率 w，纵坐标是确定等价性财富对非流动性财富（资本）的比率即函数 p(w)，FB 代表理想情况，liquidation 指清算情形。

资料来源：根据设定的标准参数值对模型进行有限差分数值计算的结果，编程语言 matlab。

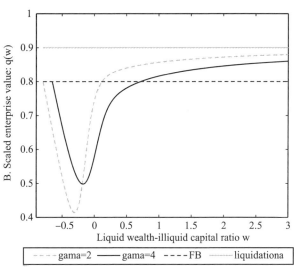

注：横坐标是流动财富与非流动性财富即资本的比率 w，纵坐标是企业价值 q(w)，FB 代表理想情况，liquidation 指清算情形。

资料来源：根据设定的标准参数值对模型进行有限差分数值计算的结果，编程语言是 matlab。

图 3.28　特定参数下 p(w)、q(w) 与 w 的数值关系

往远高于传统创业。这是符合我国现实的。当经济形势不好时，银行逼债，最终却发现这样做是愚蠢的。因为它整倒了企业，并扩散了金融危机，从而使银行在更大的层面上遭受严重损失。因为一家企业破产了，它的关联方都会受到负面影响。在各家企业经营都不景气的情况下，银行逼债，甚至骗收贷导致企业倒闭潮。2009 年、2010 年浙江就面临这种情形。

当前最主要的是高科技创业，因为一个企业或技术的成功甚至能够开辟一片蓝海，形成万亿产值的行业。如今，世界正处在新的科技革命的前夜，很多技术可能同时突破，颠覆现有产业，造就新的社会秩序和世界秩序。

所以，虽然数据不好看，却正是需要激励创业的好时机。蓄势待发，迎来美好明天。

（三）财富的边际价值 P_W、资本的边际价值 P_K 分析

前述分析了美国相应参数的企业价值和创业者经济行为的基础上，对比中国情形，能够获得很多宝贵认识。由于中国的关键参数可能存在"问题"，才导致结果不够理想。那么，通过对关键参数的修正，有可能给我国的高科技创业带来深刻的认识。这些都是我们未来深入研究的方向。

图 3.29 中，在 w = 0 附近，P_W 达到峰值，说明创业企业的价值 q(w) 对金融财富为正或负很敏感。这与美国的情形不同，它们往往负债一定规模，如 50% ，这个 - 50% 是拐点。

如图 3.30 所示，考察 P_K，当 γ = 4 时，w 需要大于 1.5，P_K 才能运行在破产清算线上方。当 γ = 2 时，w 需要大于 0.3，P_K 才能运行在破产清算线上方。而且破产清算线与完全市场线的空间太小了。这些都是不利条件。

当 w < 0.3 时，两条曲线均运行在破产清算线下方，最低值达到 0.25。情形也要远远劣于美国创业情形。

三、投资相关分析 i（w）与 i′（w）

投资 i(w) i′(w) 分析，如图 3.31 所示。

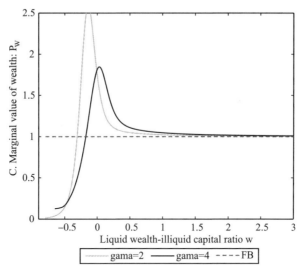

图 3.29　特定参数下 P_W 与 w 的数值关系

注：横坐标是流动财富与非流动性财富即资本的比率 w，纵坐标是财富的边际价值 P_W，gama = 2 与 gama = 4 时其他基准参数不变，FB 是参数值为默认值时的理想情形，liquidation 是清算时的情形。

资料来源：根据设定的标准参数值对模型进行有限差分数值计算的结果，编程语言是 matlab。

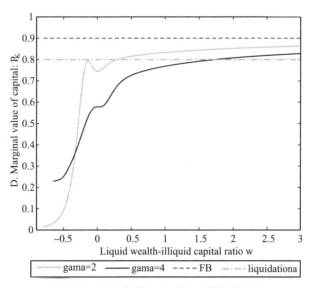

图 3.30　特定参数下 P_K 与 w 的数值关系

注：横坐标是流动财富与非流动性财富即资本的比率 w，纵坐标是资本的边际价值即 P_K，gama = 2 与 gama = 4 时的其他参数基准值不变，FB 是参数值为默认值时的理想情形，liquidation 是清算时的情形。

资料来源：根据设定的标准参数值对模型进行有限差分数值计算的结果，编程语言是 matlab。

如图 3.31 所示，投资率 i(w) 一直小于 0。该模型即使在最优情形下，

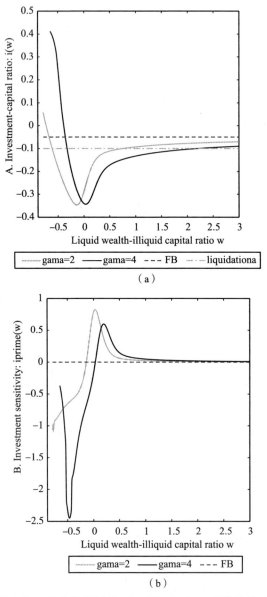

（a）

（b）

图 3.31 特定参数下 i(w)、I′(w) 与 w 的数值关系

注：横坐标是流动财富与非流动性财富即资本的比率 w，图 3.31（a）纵坐标是投资对非流动性财富
（资本）的比率即函数 i(w)，图 3.31（b）纵坐标是投资敏感性函数即 I′(w)，FB 代表理想情况。

资料来源：根据设定的标准参数值对模型进行有限差分数值计算的结果，编程语言是 matlab。

i(w) 也小于 0。只有濒临破产时，i(w) 才大于 0。创业的企业行为是这样的：从外界获得补贴，不断抽逃投资；只有在企业要破产时，为了防止企业破产，大力追加投资。这样的故事非常不好听，到底问题出在哪儿了呢？我们将来需要深入研究。毕竟，这样的结论让我们皱眉，但是，结论符合部分现实。图 3.31（b）告诉我们，对于 γ = 2，边际投资率在 w = 0 时取得峰值 0.8 左右；γ = 4，边际投资率在 w = 0.2 左右时取得峰值 0.6。对于中国企业，拥有适量的正的金融资产是必要的，有利于投资，而负债则产生较多的副作用。

从图 3.31 可以看出：（1）再投资率 i(w) 要低于美国，追加投资比率比清算时的比率还低。（2）追加投资的情形比较复杂，在借款创业时，根本难以确定。相信创业者的心情与曲线一样，不好受，边际价值起伏巨大。

四、风险资产投资与有效风险厌恶分析 x(w) 与 h(w)

当前的参数配置使创业经济行为呈现出独特的特征，个性非常鲜明。根据图 3.32，X(w) 的市场配置基本上是 0。为什么呢？因为投资市场的

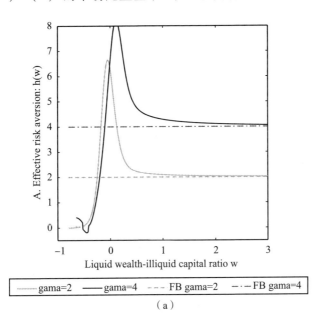

（a）

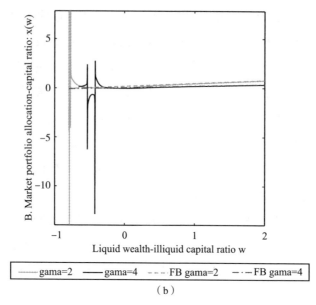

（b）

图 3.32　特定参数下 h（w）、x（w）与 w 的数值关系

注：横坐标是流动财富与非流动性财富（资本）的比率 w，图 3.32（a）纵坐标是有效风险厌恶函数 h（w），图 3.32（b）纵坐标是市场资产配置对非流动性财富（资本）的比率即函数 x（w），gama＝2 与 gama＝4 时其他参数基准值不变，FB gama＝2 与 FB gama＝4 时其他参数是 FB 时的相应数值。

资料来源：根据设定的标准参数值对模型进行有限差分数值计算的结果，编程语言是 matlab。

回报较低，投资于金融市场不划算。对于有效风险厌恶 h（w）来说，最终二者都会逼近自己对应的相对风险厌恶水平。h（w）的拐点在 w＝0 附近。

此外，我们再强调两点。（1）有效风险厌恶情形与美国情形相似。（2）难以进行资产配置，可能产生巨额亏损，与股市投机性强的现实相一致。

五、消费 c（w）与消费的边际财富 c′（w）分析

由于 p（w）、q（w）受到了创业参数的制约，整体绩效不佳。这必然影响到我国创业者的消费。那么，我国创业者的消费和边际消费情况如何呢？如图 3.33，图 3.33（a）表明创业的消费刚性，可调整的空间非常小。图

3.33（b）表明是否负债对边际消费影响很大。我们认为，由于我国股市长期熊市，牛短熊长，使得股市投资很容易发生亏损。这不利于创业者消费。根据前文，股市不成熟，长期熊市也不利于企业的正常估值，不利于投资。所以，我国股市要加大系统性的改革力度，使得上市公司的估值能够遵循价值原理。

　　我们认为，我国的创业活动有政府驱动与市场驱动两种模式。市场驱动方面，华为、百度、阿里、腾讯、京东等企业功不可没；政府驱动方面，产业投资基金、高科技园区、政府扶持方面，功不可没。我们需要更多地运用市场化的手段，充分利用市场化的机制，兴利除弊，促进市场机制的发育。其中，股票市场的建设就是一道绕不过去的槛。我国产业大而不强，如果需要将产业做强，就必须有发达的资本市场。这方面，我们有明显弱势。通过银行业，可以做大企业，但难以普遍做强企业。因为股票市场等提供的激励机制，在优胜劣汰的过程中使顺应生产力发展的投资方

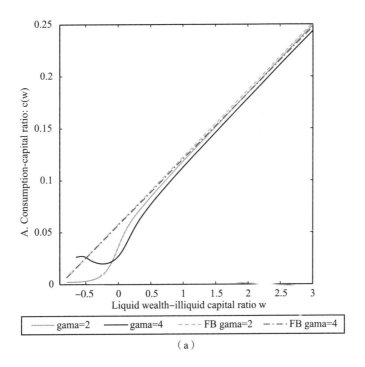

（a）

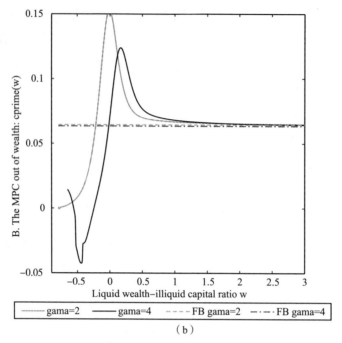

（b）

图 3.33　特定参数下 c(w)、c′(w) 与 w 的数值关系

注：横坐标是流动财富与非流动性财富即资本的比率 w，图 3.33（a）纵坐标是消费与资本的比率即函数 c(w)，图 3.33（b）纵坐标是财富的边际消费倾向即函数 c′(w)，FB gama = 2 和 FB gama = 4 是其他参数不变时的 FB 的理想情况，gama = 2 和 gama = 4 是其他基准参数不变时的情形。

资料来源：根据设定的标准参数值对模型进行有限差分数值计算的结果，编程语言是 matlab。

与参与方获利颇丰。这种奖惩分明的激励机制，正是我国文化中所欠缺的。我国的文化基因是，奖励有限，惩罚更有限。

从图 3.33 可以看出：（1）消费情形与美国大体一致，都大于 0，与金融财富保持一定的函数关系。（2）边际消费情形要劣于美国，边际消费为负意味着消费要下降。它与经济形势不妙互相影响。

第三节　我国高科技创业动态随机局部均衡机制参数变动分析

考察参数变动对均衡结果的影响，可以更好地理解参数的性质，从而适度调控系统。

一、跨期弹性 Psi 分析

（一）p（w）、q（w）、P$_W$、P$_K$ 分析

我们要考察 ψ 分别为 0.25 与 2 时的情形。w > 0 时，跨期替代弹性低，则 p(w)、q(w)、P$_k$ 高，P$_W$ 低。也就是，跨期替代弹性小，企业的估值为更为有利。利率对跨期替代有影响，当实际利率较高时，企业的估值会被压低。从金融市场角度来看，每次到了经济周期的调整阶段，风险敞口大的企业的估值迅速下降，而那些富于效率的企业则获得了难得的兼并的好机会。

从图 3.34 可以看出，跨期替代参数总是分为两个或三个阶段。（1）在最后一个阶段，跨期替代参数值较大，p(w)、q(w)、P$_W$、P$_K$ 值会较低。（2）在倒数第二个阶段，跨期替代参数值较大的曲线会在负 w 区域。

这说明 Psi 有着双重属性，在创业者金融财富充裕时，它稍微拉低一点价值，但是，在企业处于借债未还状态时，它又有利于创业者。

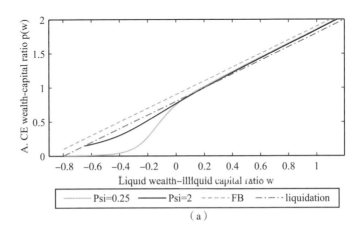

（a）

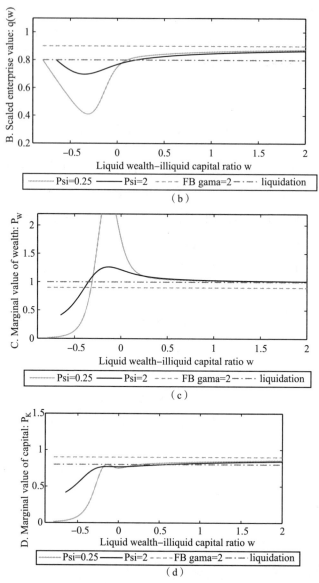

图 3.34　特定参数下 p（w）、q（w）、P_W、P_K 与 w 的数值关系

注：横坐标是流动财富与非流动性财富即资本的比率 w，图 3.34（a）纵坐标是确定等价性财富与非流动性财富即资本的比率 p（w），图 3.34（b）纵坐标是创业企业价值 q（w），图 3.34（c）是财富的边际价值 P_W，图 3.34（d）是资本的边际价值 P_K，FB gama = 2 代表参数 gama = 2 时其他 FB 参数不变的情况，liquidation 是清算时的情形。

资料来源：根据设定的标准参数值对模型进行有限差分数值计算的结果，编程语言是 matlab。

（二）投资分析 i（w）与 i′（w）

在现有参数条件下，即使跨期替代弹性较为有利，如 Psi = 0.25，创业者追加投资的积极性并不大，相反创业者会抽逃资金。如图 3.35，在破产清算临界点，i（w）> 0，也就是说创业者会追加投资，以避免破产。政府扶持有助于改变企业的估值函数，但是，是否能够使得企业愿意追加投资，还需要我们进一步的研究。

阅读图 3.35，结合美国相似情形，我们有以下认识：（1）美国完全市场条件下的 i（w）是 0.131，而中国约为 - 0.3。（2）当 w > 0 时，Psi 小的 i（w）值比较大，负值。而美国为 i（w）> 0，Psi 小的 i（w）值比较小，二者的结论是相反的。（3）i′（w）在 w < - 0.5 时尤其小，美国为 - 0.4，中国为 - 1.7。这说明新增投资对临近清算的状态很敏感。

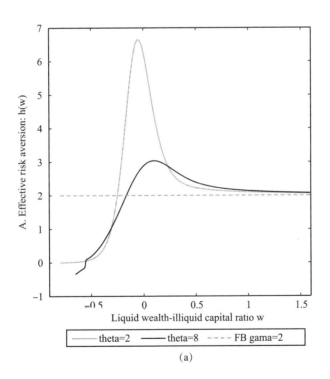

（a）

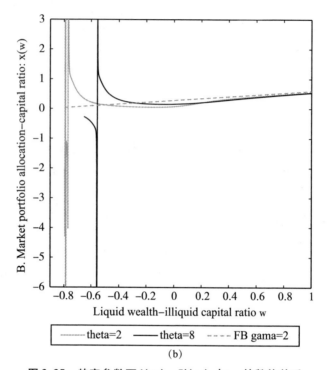

(b)

图 3.35　特定参数下 i(w)、I′(w) 与 w 的数值关系

注：横坐标是流动财富与非流动性财富即资本的比率 w，左图是投资与资本的比率即函数 i(w)，右图纵坐标是投资敏感性函数即 i′(w)，FB 代表理想情况，liquidation 指清算情形。

资料来源：根据设定的标准参数值对模型进行有限差分数值计算的结果，编程语言是 matlab。

（三）消费分析 c（w）、c′（w）

创业者消费曲线受到跨期替代弹性的显著影响。随着金融财富 w 的增加，更高的 Psi，消费增加得更快。根据跨期替代的含义，Psi 越高，则越愿意提前消费，不愿意储蓄和投资。

依据图 3.36，结合美国情形分析如下：（1）在 Psi = 2 时，随着金融情况的改善，中国的消费上升更加快速。（2）在 Psi = 2 时，中国的消费在 w < 0 时，有一个拐点，即先降后升。（3）中国的 c′(m) 明显高于美国同等情形，Psi 越大，其函数形态越复杂，波动越大。

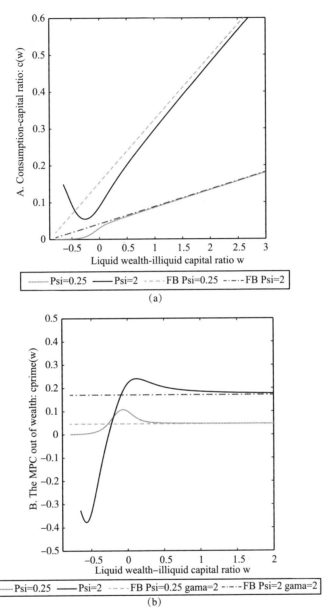

图 3.36　特定参数下 c(w)、c′(w) 与 w 的数值关系

注：横坐标是流动财富与非流动性财富即资本的比率 w，左图纵坐标是消费对非流动性财富（资本）的比率函数 c(w)，右图纵坐标是财富的边际消费倾向 c′(w)，FB Psi = 0.25 代表 FB 的其他基准参数不变的情形。FB Psi = 0.25、gama = 2 则限定了 Psi 和 gama 的值。

资料来源：根据设定的标准参数值对模型进行有限差分数值计算的结果，编程语言是 matlab。

（四）有效风险厌恶 h（w）与市场资产组合 x（w）分析

在 w < 0 时，x（w）有着明显的波动，Psi = 2 与 Psi = 0. 25 都迅速逼近 FB gama = 2 线。当 w 足够宽松时，x（w）是很稳定的。相对于金融财富的数量来说，投入到金融的比重约为三分之一。有效风险厌恶在 w = 0 附近起伏较大。

依据图 3. 37，结合美国同等情形，我们分析如下：（1）中国的 h（w）波动的幅度要远远小于美国。美国主要向上方波动，中国主要向下方波动。（2）中国的 x（w）在 w < 0 时，反复剧烈波动。最大损失是实业资本的 37 倍，最大赢利是实业资本的 6. 3 倍，损失与赢利不对称。这与中国股市的高投机性有关。

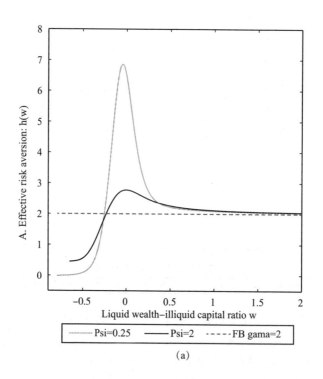

（a）

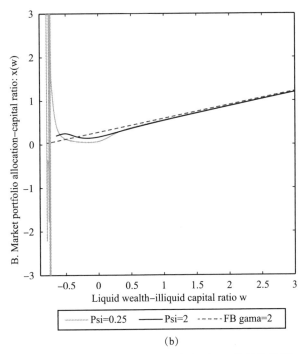

(b)

图 3.37　特定参数下 h(w)、x(w) 与 w 的数值关系

注：横坐标是流动财富与非流动性财富即资本的比率 w，图 3.37（a）纵坐标是有效风险厌恶函数h(w)，图 3.37（b）纵坐标是市场资产配置对非流动性财富（资本）的比率即函数x(w)，FB gama = 2 代表 gama = 2 但其他基准参数不变时的情况。

资料来源：根据设定的标准参数值对模型进行有限差分数值计算的结果，编程语言是 matlab。

二、实业投资回报波动率 σ_A 分析

（一）企业 q 值 q(w)、边际 q'(w) 等的分析

根据模型，在生产率波动率加大的情况下，企业的 p(w) 与 q(w) 都应该是下降的。二者在逼近 FB 的过程中，差距并不大。见图 3.38（a），在 w 足够宽松时，sigmaa = 0.1 与 sigmaa = 0.2 被局限在陕窄的范围内。所以，当务之间，政府要为创业者打开成长空间。由于破产线离最理想的情况太近，研究 P_K 与 P_W 的经济意义并不是很大。

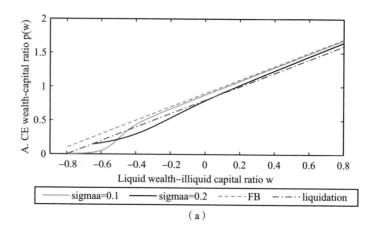

（a）

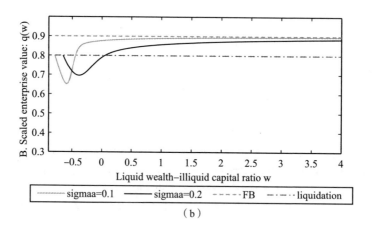

（b）

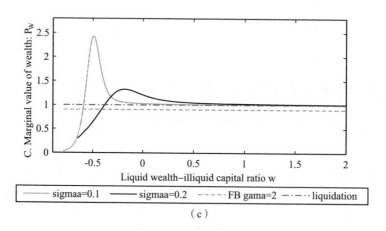

（c）

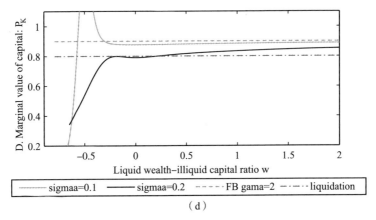

图 3.38　特定参数下 p(w)、q(w)、P_W、P_K 与 w 的数值关系

注：横坐标是流动财富与非流动性财富即资本的比率 w，图 3.38（a）纵坐标是确定等价性财富与非流动性财富即资本的比率 p(w)，图 3.38（b）纵坐标是创业企业价值 q(w)，图 3.38（c）是财富的边际价值 P_W，图 3.38（d）是资本的边际价值 P_K，FB gama = 2 代表 gama = 2 但 FB 其他参数不变的情形，liquidation 是清算时的情形。

资料来源：根据设定的标准参数值对模型进行有限差分数值计算的结果，编程语言是 matlab。

我们发现：（1）实业投资回报的波动率对中国的影响比美国的影响小，尤其是美国 sigmaa = 0.1 的曲线波动较强烈。至于美国，sigmaa = 0.1 与 sigmaa = 0.2，二者在形态上有明显差异，而中国则不是。（2）在 miua 不变的情况下，sigmaa 越小，则 p(w)、q(w)、P_K 与 K_W 越大。这与期权不一样，对于期权来说，波动率越大，期权价值越大。也许，期权是金融衍生工具，而实业投资不是金融工具，二者的属性本来就不一样，后者回避风险，后来偏好风险，如图 3.28 所示。

（二）投资分析 i(w)、i′(w)

无论是 sigmaa = 0.1，还是 sigmaa = 0.2，i(w) 都小于 0。说明创业者的生产力收益吸引力不足，创业者权衡风险后，也不再追加实业投资。显然，w = 0 附近的 i(w) 动荡，并不能改变投资收回的性质。而且，随着 w 的宽松，边际投资率趋于 0。

相较于美国，图 3.39 最大的特点：（1）i(w) 在 w < 0 部分的波动幅

度巨大，远远超过完全市场情形。（2）$i'(w)$ 在 w 靠近左边的部分。靠近破产清偿点，投资 $i(w)$ 为正，但 $i'(w)$ 为负。

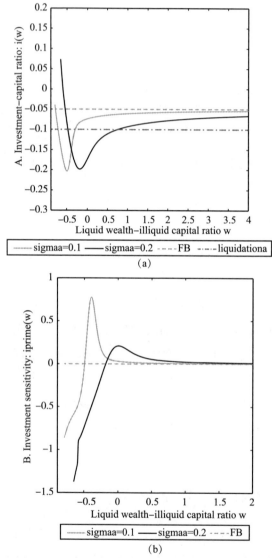

（a）

（b）

图 3.39　特定参数下 $i(w)$、$i'(w)$ 与 w 的数值关系

注：横坐标是流动财富与非流动性财富即资本的比率 w，图 3.39（a）纵坐标是投资与资本的比率即函数 $i(w)$，图 3.39（b）纵坐标是投资敏感性函数即 $i'(w)$，FB 代表理想情况，liquidation 指清算情形。

资料来源：根据设定的标准参数值对模型进行有限差分数值计算的结果，编程语言是 matlab。

（三）消费分析 c（w）与 c′（w）

当 w 足够宽松时，边际消费率约是 0.06，常数。当创业者财务自由了，他消费的比率是财富的 6%。

如图 3.40 所示，（1）实业投资回报波动率（即生产率）越大，消费水平 c（w）相对越低，但都大于 0。（2）图 3.40（b）sigmaa = 2 时 c′（w）为负的部分，对应图 3.40（a）的 w 增加消费却不断下降的部分。

（四）有效风险厌恶 h（w）与市场资产组合 x（w）分析

h（w）是有效风险厌恶，动态地逼近于相对风险厌恶。风险厌恶是重要的经济学变量，与资产定价理论密不可分。在 w 宽松的时候，sigmaa = 0.2 时的有效风险厌恶大于 sigmaa = 0.1 时的有效风险厌恶。在 w = 0 附近时，较小的生产率风险却有更高的有效风险厌恶 h（w）。如图 3.41，这种

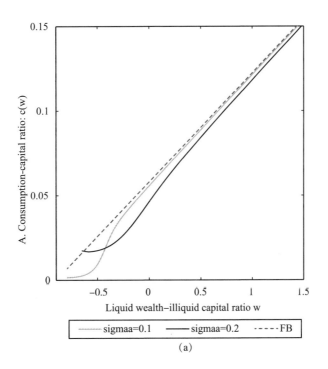

(a)

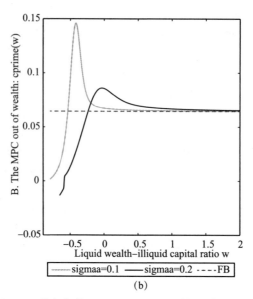

(b)

图 3.40   特定参数下 c(w)、c′(w) 与 w 的数值关系

注：横坐标是流动财富与非流动性财富即资本的比率 w，图 3.40（a）纵坐标是消费与资本的比率即 c(w)，图 3.4（b）纵坐标是财富的边际消费倾向即函数 c′(w)，FB 是参数值为基准值时的理想情形。

资料来源：根据设定的标准参数值对模型进行有限差分数值计算的结果，编程语言是 matlab。

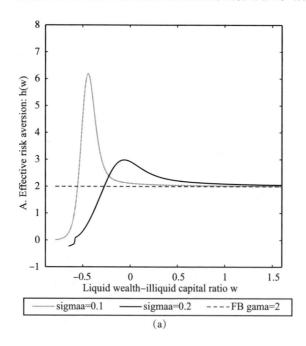

(a)

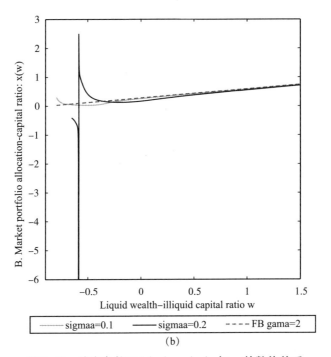

图 3.41　特定参数下 h(w)、x(w) 与 w 的数值关系

注：横坐标是流动财富与非流动性财富即资本的比率 w，图 3.41（a）纵坐标是有效风险厌恶函数 h(w)，图 3.41（b）纵坐标是市场资产配置对非流动性财富（资本）的比率即函数 x(w)，FB gama = 2 代表 gama = 2 但其他基准不变的情况。

资料来源：根据设定的标准参数值对模型进行有限差分数值计算的结果，编程语言是 matlab。

反常的现象值得深思。对于 x(w)，当 w < 0 时，x(w) 是动荡的。这种现象很难消除，这就是金融市场中的混沌现象。在某些微分方程的边界处，由于因变量对自变量十分敏感，会出现蝴蝶效应，不太可能消除。凑巧，我们的这组参数搭配，没有给自变量更有加宽松的空间，而是自变量互相纠缠在一起，难以厘清。

我们发现：（1）h(w) 的形态与 c'(w)、i'(w)、x(w) 有很大的相似性。我们猜想，h(w) 的风险特点传递给了它们。所以，动态的风险厌恶 h(w) 是影响创业者借款条件下经济行为的重要因素，是其末端振荡的根源。（2）x(w) 在 w < 0 的剧烈振荡，根源是风险资产市场（如股票市场）的高投机性，即期望收益低，而波动性却很大。所以，股市不好对普

通创业者来说，是非常不利的，因为创业者通常会在股市配置资产。我们认为，中国的创业板对投资者不利，必须将创业板打造成对投资者持续有利的市场，这样的市场才是可持续的。当前，以投机一夜致富的创业板驱动力量是难以持续的，它会使股市资源配置错位，那些不好的企业却能够吸引市场的注意力，浪费金融资源，如图 3.41 所示。

所以，从支持创业的角度来说，政府必须考虑：如何将创业打造成稳定的投资者可持续获利的股票市场。否则，纯粹建立在股票供不应求、概念炒作等空中楼阁基础上的创业板，终有一天会留下"一地鸡毛"。

三、调整成本 θ 分析

（一）企业价值 p（w）、q（w）、q′（w）、P_W、P_K 分析

在其他条件不变的情况下，调整成本越高，p(w)、q(w) 会越低。图 3.42 符合该理性认识。如图 3.42 所示，调整成本不是影响 p(w) 等的关键因素，即使对于 theta = 2，p(w) 在 w < 0.1 时都小于破产清算价值。当然，在面临破产清算的时候，也可以不破产清算，继续经营，从而放弃了期权。这其实也符合中国企业创业的情况，企业克服重重困难，不轻言放弃。

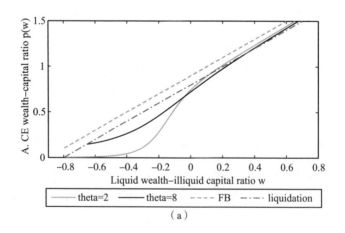

（a）

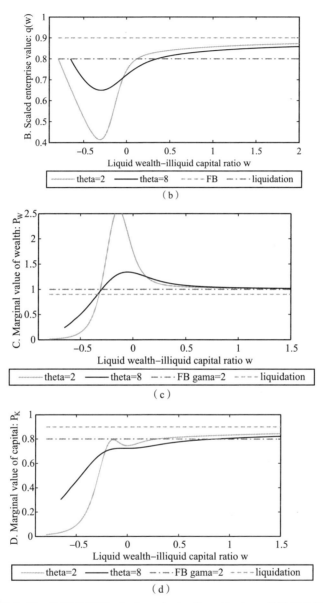

图 3.42 特定参数下 p(w)、q(w)、P_W、P_K 与 w 的数值关系

注：横坐标是流动财富与非流动性财富（资本）的比率 w，图 3.42（a）纵坐标是确定等价性财富与非流动性财富（资本）的比率即函数 p(w)，图 3.42（b）纵坐标是创业企业价值 q(w)，图 3.42（c）是财富的边际价值 P_W，图 3.42（d）是资本的边际价值 P_K，FB gama = 2 代表 gama = 2 时的理想情况，liquidation 是清算时的情形。

资料来源：根据设定的标准参数值对模型进行有限差分数值计算的结果，编程语言是 matlab。

该模型在一定程度上符合中国国情，创业艰难，不轻言放弃。

我们看到：（1）调整成本越高，在 w 大到一定程度，如 p(w)，q(w) 在 w = -0.2，p'(w) 在 w = 0，$P_K(K, W)$ 在 w = 0，相应的价值就会越小。但是，较高的调整成本在企业处于困难时期，却能支撑企业的价值。因为近似的"垄断"增加了创业者企业的价值。这种推理结论也是符合现实的。（2）上述四种价值数学自然演算的结果都为正。

（二）投资分析 i(w)、i'(w)

如图 3.43 所示，调整成本更低的 theta = 2 显然要好于 theta = 4 时的 i(w)。w = 0 仍然是 theta = 4 的拐点，不再赘述。

我们仍然可以看到调整成本的双重性：在金融财富紧张时，更有利于实业投资；在金融财富较为宽松时，它稍稍降低实业投资水平。这使人联想到中国有一句古语，"同甘苦，共患难"。但是，从人性的稳定性来讲，支撑同甘苦的人性品质与支撑共患难的人性品质是截然不同的。我们在现实中经常看到的，要么不能共甘苦，要么不能共患难。同时具备两种人性的人士，实在凤毛麟角。所以，"同甘苦，共患难"，成了人性修炼的目标，而不是天生的人性使然。

（三）消费分析 c(w)、c'(w)

我们知道，当 w 足够宽松时，theta = 2 时的 c(w) 要比 theta = 4 时要大。由于破产清算机制的扰动，在 w < 0 时，i(w) 和 i'(w) 都表现出了非线性，包括凹性和凸性。当然，如果我们研究左侧行为，也就是创业企业在借债和经营困难时的行为，也是相当有意义的。

θ 对消费的影响也具有双重性，一种条件下有利，另一种条件下不利。在金融财富宽松的情形下，θ 高的，由于降低了创业利润，因而也降低了消费 c(w)。在企业特别不利的时候，调整成本高有利于创业者。实际上，我们的模型并没有包含竞争者。但是，模型解却符合现实，如图 3.44 所示。

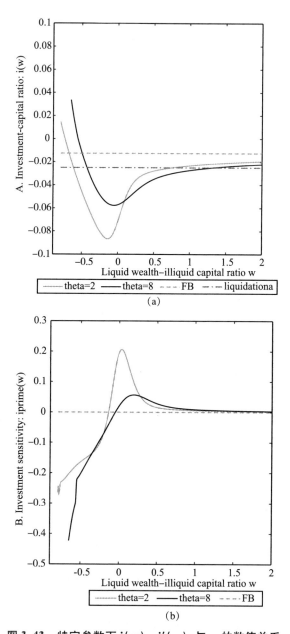

图 3.43 特定参数下 i(w)、i′(w) 与 w 的数值关系

注：横坐标是流动财富与非流动性财富（资本）的比率 w，图 3.43 （a）纵坐标是投资与资本的比率即函数 i(w)，图 3.43 （b）纵坐标是投资敏感性函数即 i′(w)，FB 代表理想情况，liquidation 指清算情形。

资料来源：根据设定的标准参数值对模型进行有限差分数值计算的结果，编程语言是 matlab。

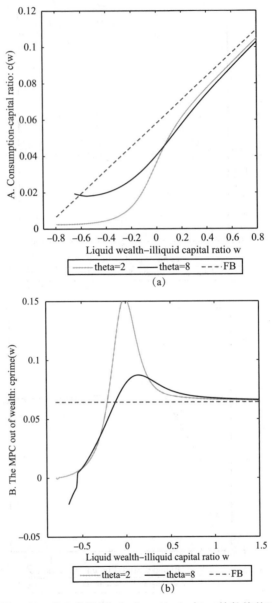

图 3.44 特定参数下 c(w)、c′(w) 与 w 的数值关系

注：横坐标是流动财富与非流动性财富（资本）的比率 w，图 3.44（a）纵坐标是消费与资本的比率即 c(w)，图 3.44（b）纵坐标是财富的边际消费倾向即函数 c′(w)，FB 是参数值为基准值时的理想情形。

资料来源：根据设定的标准参数值对模型进行有限差分数值计算的结果，编程语言是 matlab。

有这么一个有趣的关系:在 w 小于 -0.2 时,调整成本系数低的消费水平较高,但是,边际消费却较低。所以,最终调整成本系数低的消费水平追了上来,并超过调整成本系数高的消费。

(四)市场资产组合 x(w)分析

h(w) 在 w = 0 左右激烈变化,最终收敛到 $\gamma = 2$。x(w) 在 w < 0 时不稳定。美国的 x(w) 没有出现这种情形,主要原因还是模型参数之间的过于复杂的内在关系。

从图 3.45 获得的信息,我们可以做如下分析:(1)当股票市场的投资回报率低,而波动率却很高,创业者在金融财富表现为银行较多借款时,创业者的风险厌恶系数发生了改变,变成了风险偏好。尤其 $\theta = 8$ 的情形下,有效风险厌恶系数变成了大约 -0.9。(2)x(w) 表现出高度的动荡性,财富极其不稳定,一会儿是 -6,一会儿是 +6,像过山车一样。可以想象,只要创业者在股票市场配置资金,股票市场的动荡就会影响到

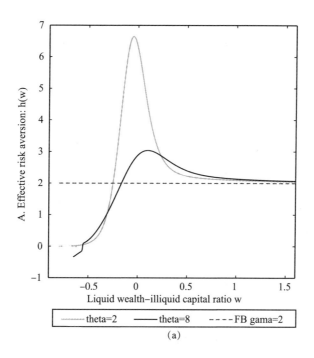

(a)

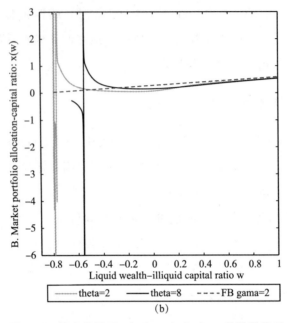

(b)

图 3. 45 特定参数下 h（w）、x（w） 与 w 的数值关系

注：横坐标是流动财富与非流动性财富即资本的比率 w，图 3. 45（a）纵坐标是有效风险厌恶函数 h（w），图 3. 45（b）纵坐标是市场资产配置对非流动性财富（资本）的比率即函数 x（w），FB gama＝2 代表 gama＝2 但其他基准不变的情况。

资料来源：根据设定的标准参数值对模型进行有限差分数值计算的结果，编程语言是 matlab。

创业者的各种经济行为。随着我国经济的发展，越来越多的企业家在股票市场配置资金。这种现象不容忽视。

四、清算回收率 l 分析

（一）企业 q 值分析 q（w）

图 3. 46 告诉我们，l 越大，p（w） 越小。l 影响破产期权，从而影响左侧的经济变量的特性。但是，为什么在右侧为什么 l 越大 p（w） 却越小？ 这个机制，我们还不是很清晰。如图 3. 46，p（w） 与 q（w） 很多时候都处在破产清算（liquidation） 的边缘，l 影响力有限。

实际上，我们在进行有限差分计算的过程中，发现 l 如果低于 0.8，其他变量求解将相当困难。看来，我们需要深入 l 的机制。我们的模型含有两个随机变量，是二阶非线性偏微分方程，求解有一定的难度。

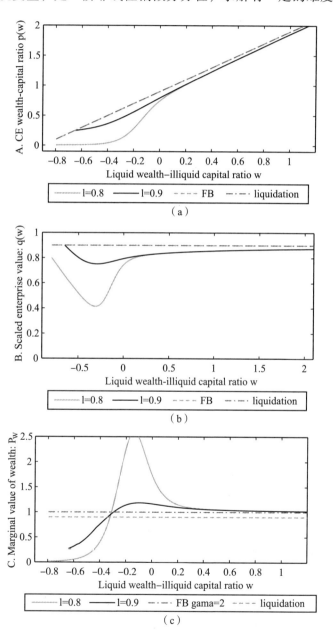

（a）

（b）

（c）

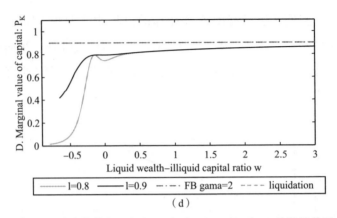

图 3.46　特定参数下 p(w)、q(w)、P_W、P_K 与 w 的数值关系

注：横坐标是流动财富与非流动性财富（资本）的比率 w，图 3.46（a）纵坐标是确定等价性财富与非流动性财富即资本的比率 p(w)，图 3.46（b）纵坐标是创业企业价值 q(w)，图 3.46（c）纵坐标是财富的边际价值 P_W，图 3.46（d）纵坐标是资本的边际价值 P_K，FB gama = 2 代表 gama = 2 时的理想情况，liquidation 是清算时的情形。

资料来源：根据设定的标准参数值对模型进行有限差分数值计算的结果，编程语言是 matlab。

1. 清算回收率 l 及其延伸

l 可以理解成破产清算回收率，也可以理解成银行借款率。分母是实业资本 K。我们在解微分方程时，设定了企业的内生价值边界。当然，当企业价值暂时低于 lK 时，企业并不是马上进行破产清算。这里，银行只能容忍这种破产风险。

我们认为，银行通常不愿意贷款给创业者，因为银行若按照市场规则运作的话，创业的风险必然转嫁给银行。在这种情况下，直接融资就是支持创业活动所必不可少的金融制度。

现在的问题是，目前我国的创业板的经济社会土壤并不厚实，因而存在一些隐患。比如：（1）企业本身的高风险与投资者的高投机现象并存。创业企业因为承担着新兴产业开路先锋的角色，技术更新快，企业兴衰难以预料，因而投资风险高。但是，由于创业企业上市后规模小，股价容易被操纵，成为庄家的狙击目标。创业板块企业上市后，甚至几十个涨停板，造富运动声势浩大。但是，这些企业的业绩却难以支撑其高股价、高市盈率，股市风险留给了未来的投资者。（2）大量的投资者并没有甄别企业前景的能力，股市投资很可能演变为赌博。（3）业绩包装的企业通过伪装，获得上市资格和优势金融资源，从而对市场上的竞争对手产生逆淘汰，使产业效率下降。

所以，创业板搞得不好就可能出现金融资源浪费和产业逆淘汰的现象。而暂时的热闹劲儿在潮水退后，可能一派狼藉。

2.1 对企业价值与边际价值的影响

从图 3.46 来看，l 从 0.9 变成 0.8，对企业价值和边际价值的影响还是不小的。在企业困难时，它降低了企业价值，约为实业资本额的 40%，降低了确定等价性价值，约为实业资本的 30%。

（二）投资分析 i（w）、i′（w）

L 不是影响 i(w) 和 i′(w) 的关键变量，变更 l 后，投资函数基本上小于 0，边际投资函数右侧逼近于 0。由于破产清算的期权效应，i(w) 与 i(w) 都呈现非单调特征，凹函数或凸函数（见图 3.47）。

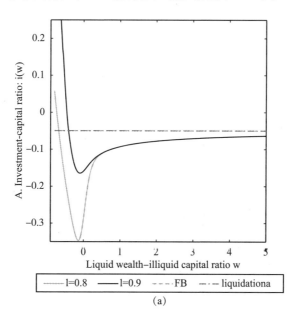

(a)

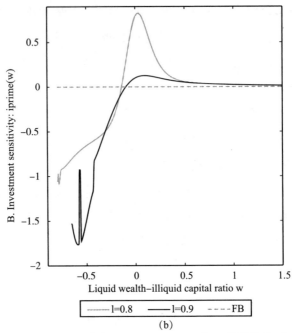

(b)

图 3. 47　特定参数下 i(w)、i′(w) 与 w 的数值关系

注：横坐标是流动财富与非流动性财富即资本的比率 w，图 3. 47（a）是投资与资本的比率即函数 i(w)，图 3. 47（b）纵坐标是投资敏感性函数即 i′(w)，FB 代表理想情况，liquidation 指清算情形。

资料来源：根据设定的标准参数值对模型进行有限差分数值计算的结果，编程语言是 matlab。

从图 3. 47 可以看出，清算回收率从 0. 9 降为 0. 8，而最低投资率从 - 0. 15 降到 - 0. 38。所以，清算回收率低，显然对创业后的新增投资不利。对于边际投资率来说，在 w = 0 时，边际投资率从 0. 15 上升到 0. 95，迅速改变 w < 0 时过低的新增投资率 i(w)。

（三）消费分析 c（w）、c′（w）

如图 3. 48 所示，较高的 l 对应着较高的最低消费。

从图 3. 48 可以看出，清算回收率的改变对 c(w) 与 c′(w) 有明显影响。破产清算回收率从 0. 9 降为 0. 8，则最低的消费 c(w) 从 0. 025 降为 0. 002，下降更为迅速。最高的边际消费 c′(0) 从 0. 08 上升到 0. 15。

有这么几点值得参考：（1）降低破产交易成本。如果相应的财产处

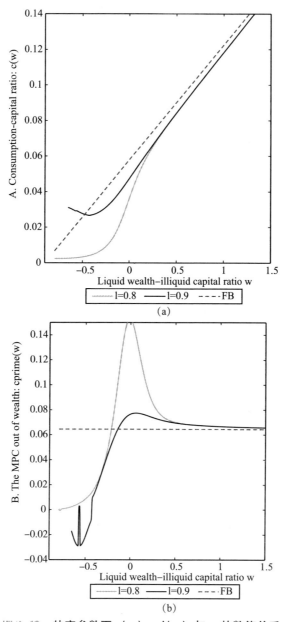

图 3.48 特定参数下 c(w)、c′(w) 与 w 的数值关系

注：横坐标是流动财富与非流动性财富（资本）的比率 w，图 3.48（a）纵坐标是消费与资本的比率即函数 c(w)，图 3.48（b）纵坐标是财富的边际消费倾向即函数 c′(w)，FB 是参数值为基准值时的理想情形。

资料来源：根据设定的标准参数值对模型进行有限差分数值计算的结果，编程语言是 matlab。

理市场较成熟的话，财产就可以以市场价出售，而不会出现被人为地压低价格现象。显然破产清算资产的价格成为涉及多方利益的关键点。怎么有效处置财产，是一门学问，需要培育该市场。（2）建立创业友好的破产制度。并非资不抵债才破产，如果市场完善，创业者能够较大程度地回收资金，以便开始新的创业。这种清算制度是对创业友好的。风险投资事业的发展告诉我们这样一个信息：要对创业失败持更加宽容的态度。我们认为，最根本的还是建立较完善的风险投资体系。如果是创业者从银行借的款不还，显然，这样的创业失败难以被宽容，它否决了原制度。而我们建立新的补丁制度，就是通过资本市场来宽容创业失败，其前提是，创业成功带来的利益总和远远超过创业失败损失的利益总和。这样的背景下，宽容符合经济理性。

（四）市场资产组合 x（w）分析

有效风险厌恶趋近于相对风险厌恶。这里可能存在一些问题，一是计算结果 h(w) 有负值，是否合理？我们知道相对风险厌恶是不能为负的。二是 w < 0 时，x(w) 出现明显的振荡，不稳定。是不是 x(w) 真的这样？这些问题都对我们的有限差分方法提出了疑问，需要进一步确认、论证或改进（见图 3.49）。

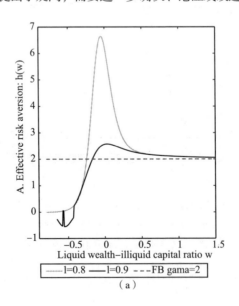

（a）

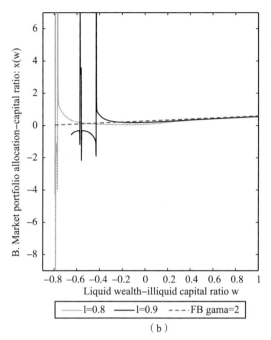

（b）

图 3.49　特定参数下 h(w)、x(w) 与 w 的数值关系

注：横坐标是流动财富与非流动性财富（资本）的比率 w，图 3.49（a）纵坐标是有效风险厌恶函数 h(w)，图 3.49（b）纵坐标是市场资产配置对非流动性财富（资本）的比率即函数 x(w)，FB gama = 2 代表 gama = 2 但其他基准不变的情况。

资料来源：根据设定的标准参数值对模型进行有限差分数值计算的结果，编程语言是 matlab。

（1）破产清算回收率的下降，并没有对有效风险厌恶产生显著的负面影响，例如从风险厌恶者变成明显的风险偏好者。（2）在 w = 0 左右，动态风险厌恶迅速上升到 6.9，远远超过了 gama = 2 的水平。（3）相对于美国情形，x(w) 有着更加剧烈的下行风险，在 w < 0 时，带来的损失可能是创业者难以承受的。

这些结论符合逻辑。

第四章

高科技企业主创业模式分析

第一节 常见高科技创业模式简介

高科技创业模式多种多样，每一个成功的创业故事都对应着其独特的创业模式。这里，我们做一些简单的总结，以便对读者有所启发。

一、根据创业者与技术的关系

（一）海归创业、外资高管创业、国内技术创业

1. 海归创业

我国有不少创业者都有海外学习或者工作经历。特别是第一波互联网浪潮兴起的时候，新浪、百度、网易等，都是海归创业。因为他们从国外能够拿到风险投资基金，回避了自有资金不足的缺陷。这种模式的创业有上升趋势，不少在国外（特别是美国）打拼小有成就的人物，因为职业上的"天花板"，凭着核心技术回到国内。

2. 外资高管创业

有些创业者原本在外资企业担任高管，比如中华区总裁、副总裁，看

到了机会，突然辞职自己创业了。

3. 国内技术创业

典型的是史玉柱的巨人集团，利用汉卡技术掘了第一桶金。华为老板任正非也是国内技术创业，没有海外背景。

（二）技术先进型创业、仿造创业、商业模式创业、概念创业

1. 我国技术先进型创业蓄势待发

我国互联网企业的成功，如果说归根于技术先进，顶多是在国内暂时处于领先地位，通过快速迭代创新，重视客户体验，从而形成自己的商业模式。淘宝打败 ebay 靠的不是技术，而是商业模式。

2. 仿造创业

仿造创业，即把国外的产品引入中国复杂的环境中。QQ 当时是仿造国外的 ICQ，但这并不妨碍 QQ 的成功。我国早期的互联网创业基本上都是模仿国外的。

不可轻视仿造创业，这往往是落后者向先进者学习的更容易成功的创业模式。百度仿造谷歌，淘宝仿造 ebay，太多了。最后，通过创新，都实现超越，所谓青出于蓝，而胜于蓝。

3. 商业模式创业

由于我国前些年在很多领域特别是互联网领域，并不是技术的源头，都是从国外模仿学习的，因而，所谓的高科技创业往往只是商业模式的创业。而近些年来，我国在新能源、人工智能、无人机、量子通信技术等方面，陆续取得了全球瞩目的突破。这时候，我们才能够伸直腰杆说，技术先进。

随着我国生物医药、量子计算、基因工程，乃至数学、天文等基础研究水平的迅速爬升，我国有希望再过 30 年，引领世界先进技术潮流。一些高水平的原创科学技术的问世，将奠定我国在全球技术网络中的地位。

季琦 10 年时间创建了三个登录纳斯达克股票交易市场的企业（携程、如家和汉庭），其三家公司的市值均超过了 10 亿美元。这些企业也是高科

技企业，因为它们利用互联网降低了管理成本，提升了管理能力。

4. 概念型创业

概念型创业是凭借创意、点子、想法创业。当然，这些创业概念必须标新立异，至少在打算进入的行业或领域是个创举，只有这样，才能抢占市场先机，才能吸引风险投资商的眼球。同时，这些超常规的想法还必须具有可操作性，而非天方夜谭。马斯克的可回收火箭、超速高铁，以及西方的太空电梯、月球旅游等，都有不同程度的推进。先有概念，然后去落实。

（三）线上创业、线下创业、线上线下互动创业

线上创业的优势是能够迅速获取流量，摆脱实体店的诸多限制，降低运营成本。毕竟，线下商店尤其是处于商业中心的实体店，不仅租金高，铺面也是稀缺资源。例如电子商务，通过七天无理由退货等政策，吸引了大量没有时间逛商场的购物人群。电子商务适应了没有时间购物，没有地方购物，商场购物成本高等人士的需求，铸造了阿里、淘宝、京东、拼多多等巨无霸型的企业。

另外，早期的淘宝是线上创业，在解决了支付、物流等问题后，淘宝小店则向线下发展，线上线下相结合。线上线下相结合的，一些新能源车网上租赁、二手车、旅游 APP、P2P 等都采取了线上线下相结合的模式，以发挥各自的优势，同时弥补各自的缺点。

二、根据创业时机与领域的选择

（一）风口创业与逆风创业

当大风吹起来的时候，猪都能够被吹得飞起来。

1999 年美国 IT 泡沫破灭前和 2008 年美国次贷危机发生前，美国的风险投资都过热，此时创业容易起步。当然，创业最终是否能够成功还是市

场说了算。

而到了经济或金融危机的时候，风险投资资金紧张。一方面，大量的互联网泡沫破裂，另一方面，部分创业者在这个时候选择加大投入，通过并购等方式做大自己，等待新的风口把自己吹起来。

（二）蓝海创业、红海创业

到竞争不太激烈的地方发展，是一些有眼光的创业者的创业策略。每当价格战的时候，创业企业杀得天昏地暗，例如互联网旅游价格大战，行业里的企业基本上都亏损，有的巨额亏损。互联网出行，滴滴与 Uber 也是价格战杀得头破血流，最后股权上走到一起，握手言和。

又如，2007 年，国内的人脸识别、指纹识别等身份认证技术开始兴起，是一片蓝海。十年后，这些技术越来越成熟，当时创业的企业终于迎来了市场爆发。

所以，有经验的创业者在创业成功后再创业时，会重新选择创业领域，规避红海创业，选择蓝海创业，以便取得成功，减少失败的概率。

（三）高科技园区创业与在家创业

1. 高科技园区创业

高科技园区往往有配套的基础设施，配套的激励政策，如财政扶持、信贷激励、地方奖励。由于我国地方政府之间的竞争，高科技园区对高科技创业的扶持力度相当大，其中不乏成功的企业。

2. 在家创业

也称 SOHO，起源于美国 20 世纪 80 年代后期。可以租一个邮箱或一个公司地址，为公司建立一个商业形象。注意：谨慎地重新安排家中的空间，配合商务上的需求；与客户见面，尽量安排在对方的办公室或租借一个会议室，保持你的专家形象；参加商会或一些专业协会，扩展人际关系网络；对自己要求严格，要有自制能力及自发性，像上班一样自律。

三、根据创业者的社会关系

（一）加盟创业

分享品牌金矿，分享经营诀窍，分享资源支持，采取直营、委托加盟、特许加盟等形式连锁加盟，投资金额根据商品种类、店铺要求、加盟方式、技术设备的不同而不同。对于加盟者，风险小，容易管理；对于加盟商，短时间内迅速扩大公司规模并获利。

调查资料显示，在相同的经营领域，个人创业成功率低于20%，而加盟成功率高达80%～90%。

加盟成功需要注意的关键因素：（1）选择适合自己的特许品牌；（2）选址是非常重要的一环，小心挑选，宁缺毋滥；（3）善用总公司的资源来配合业务的发展，比如广告、印刷品、培训等；（4）合同切勿草率。

（二）创业团队创业

具有互补性或者有共同兴趣的成员组成团队进行创业。如今，创业已非纯粹追求个人英雄主义的行为，团队创业成功的概率要远高于个人独自创业。一个由研发、技术、市场融资等各方面组成的优势互补的创业团队，是创业成功的法宝，对高科技创业企业来说更是如此。

（三）大公司内部创业

大公司内部创业指的就是在腾讯、谷歌、微软、华为等互联网巨无霸公司的支持下，有创业想法的员工承担公司内部的部分项目或业务，并且和企业共同分享劳动成果的过程。这种创业模式的优势就是创业者无须投资就可获得很广的资源，这种树大好乘凉的优势成为很多创业者青睐的方式。

（四）其他类型的创业

1. 大赛创业

利用各种商业创业大赛，获得资金提供平台，如 Yahoo、Netscape 等企业都是从商业竞赛中脱颖而出的，因此也被形象地称为创业孵化器。如清华大学王科、邱虹云等组建的视美乐公司，上海交大罗水权、王虎等创建的上海捷鹏等。

2. 兼职创业

在工作之余再创业，如可选择的兼职创业：教师、培训师可选择兼职培训顾问；业务员可兼职代理其他产品销售；设计师可自己开设工作室；编辑、撰稿人可朝媒体、创作方面发展；会计、财务顾问可代理做账理财，翻译可兼职口译、笔译；律师可兼职法律顾问和事务所；策划师可兼职广告、品牌、营销、公关等咨询。当然，你还可以选择特许经营加盟，顾客奖励计划，等等。

四、根据创业起点的高低

（一）白手起家型

从无到有，从零开始，如华为。白手起家是最困难的创业方式，因为缺少资金、没有关系，只能艰苦奋斗，一点一滴地积累和摸索。

创业者必须有市场预见性，有良好的信誉和人品，能吃苦耐劳。

（二）收购现有企业

两种方式：或者接手经营别人的公司转让，或者收购公司重组转卖。

优点是具备一定的基础，不用从头开始，节省时间；缺点是风险大，容易受骗上当。

（三）代理

中关村有很多品牌电脑代理，借助别人的品牌发展自己。联想初期也是这么发展起来的。代理最大的危险是被厂家卸磨杀驴，所以只能依附，不能依赖；要建立自己的品牌，维护自己的渠道。

五、根据创业融资的程度

（一）自有资金创业

完全利用自己的钱开始创业，阿里巴巴刚开始创业的时候，都是员工自己的钱。后来，才开始吸引风投资金进来。国内不乏这样的企业，有的创业者卖房子创业，历经坎坷，也取得了成功。

（二）银行借款创业

典型的模式是创业者用自己的房子抵押，从银行获得贷款。也有从亲朋好友，甚至从民间借贷的。温州地区早期的创业者往往是自己家的钱占三分之一，银行的钱占三分之一，民间借贷占三分之一。这样，才能凑齐足够的钱购买先进设备，产品才有竞争力。

（三）吸引风险投资的创业

早些年，凡是国外上市的国内互联网企业，都少不了国外背景的风险投资基金的投资。这些国外的风险投资来国内，确实推动了我国第一批互联网企业的形成，成为我国今天互联网企业成功的一个必不可少的因素。

（四）混合型创业

在上市之前，创业企业会遇到诸多困难，如果不能克服，企业就可能夭折。所以，混合型创业是很正常的。

六、根据技术的来源与运用方式

（一）自主创新型技术创业

所用的技术专利都是自己的，也是国际上前沿的技术。类似新能源、生物技术，都有不少高科技创业的成功典范。我国的一些新材料企业，都有自己的技术。有的技术是长期攻克，打破国外的技术封锁，从而实现对国外技术产品的替代。

（二）模仿型技术创业

这样的创业在深圳很普遍，对于形成完整的产业链很重要。

（三）集成型技术创业

所有的技术都不是最新的，但是，技术集成后的产品是最新的。

（四）技术依附型创业

核心技术不在自己手里，或者自己的产品只是配套用的中间产品，在产业链中处于不利地位。但是，先做起来，占领市场，再逐渐向上游克隆技术，从而改变自己在产业中的被控制地位。

第二节 "互联网＋"创业模式分析

一、根据行业划分的创业案例及创业模式

我们列出两个互联网创业案例的清单。它们来自两本书，应该非常有代表性。对于这两个清单，我们并不展开，读者可以查阅该书。清单给我

们带来联想，我们要在此基础上总结互联网创业模式，采用的研究方法是归纳法。

（一）创业案例

根据著作《"互联网＋"创业案例分析》，我们归纳如下。（1）"互联网＋"出行板块共有 13 个案例。共享单车有 2 个案例，分别是摩拜与OFO；新能源车分时租赁有 2 个案例，分别是 EvCard 与 Gofun；非新能源车分时租赁有 3 个案例，分别是神州租车、Car2go 与宝驾出行；共享汽车有 2 个案例，分别是 Uber 与滴滴出行；二手车售卖有 4 个案例，分别是优信二手车、好车无忧、瓜子二手车和人人车。（2）"互联网＋"旅游有2 个案例，分别是携程与飞猪。（3）"互联网＋"票务有 3 个案例，分别是猫眼电影、娱票儿与时光网。（4）"互联网＋"餐饮有 2 个案例，分别是大众点评与饿了么。（5）"互联网＋"直播有 2 个案例，分别是斗鱼TV 与熊猫 TV。（6）房屋销售有 6 个案例，分别是链家、安居客、我爱我家、房多多、房天下与悟空找房。（7）"互联网＋"社交有 2 个案例，分别是 Facebook 与新浪微博。（8）"互联网＋"视频有 2 个案例，分别是爱奇艺与优酷土豆。

根据《"互联网＋"案例》，我们归纳如下。（1）"互联网＋"工业。如特斯拉、VR。（2）"互联网＋"销售。如京东金融、聚美优品、亚马逊。（3）"互联网＋"餐饮。如大众点评、美团网、饿了么、美食社交平台。（4）"互联网＋"娱乐。如网红经济、罗辑思维、游戏主播。（5）"互联网＋"旅游。如携程网、驴妈妈、途牛网。（6）"互联网＋"教育。如 Abblesky 能力天空、沪江网、Courser、清华大学学习吧。（7）"互联网＋"金融。如中晋系、支付宝、陆金所、随手记、虚拟货币、人人贷、互联网券商—国金证券、腾讯乐捐、人人投、Kickstarter、众安保险、京东金融、易宝支付、汇付天下、阿里金融、宜人贷、众投邦、抱财网、汇贷天下。

（二）"互联网+"创业模式

1. 财团背景的创业、自然人"互联网+"创业

类似陆金所、apple pay、阿里金融、京东金融等，都有公司或财团背景，其创业规律与个人创业不同。财团会为子公司提供诸多支援，并且新公司属于财团发展战略的一部分。

自然人创业则需要创始人去整合资源。（1）有的创始人白手起家。如逻辑思维、携程、易宝支付等。（2）有的创始人有过几次创业经历，或者成功，或者失败。如特斯拉、如家酒店等。（3）有的创始人有资本背景，类似于富二代创业。（4）有的创始人接触到风险投资圈，或者出自名校，能力非凡。

2. 行业开拓性创业模式、跟风创业模式

淘宝、携程网、支付宝、大众点评等，都开辟了新的天地。而宜人贷、人人贷等都不是行业第一家，而是类似雨后春笋般地同时出现多家。行业往往会剩下两三家为了争夺市场地位产生激烈竞争，如 OFO 与摩拜，携程与飞猪，滴滴打车与 Uber，等等。

3. 平台流量模式、业务专一模式

腾讯、淘宝等平台，就以入股等形式扶持了一批创业者获得了成功。大众点评、58 同城等也分裂出了一些创业公司。类似饿了么、聚美优品、途牛网都是专一性很强的网站，专心做一件事，做到极致。360 也是通过反复迭代，客户体验至上，从而击败了传统的杀毒软件行业，成为行业翘楚。现在，随着互联网激烈的竞争，机会还存在于把一件事做精的追求里。

4. 服务业创业与非服务业创业

教育、旅游、商业、餐饮、金融、设计等，其实都是服务业。我们看到，"互联网+"成功的基本上都是服务业。因为服务业是为个人服务的，每个人的需求都有个性，"互联网+"最有效率。服务业还要向人工智能的方向发展，服务业的互联网革命正在进行时。

但是，农业互联网、工业互联网、政务互联网还是我们的软肋。这些方面，国内也有企业和个人在做，相信风口会吹到这里。我们估计，互联网革命会继续进行几十年，会不断加入新的革命性元素。最终的技术进步，就是社会生活的虚拟化，现实与虚拟相互交融。除了吃饭、洗澡等需要接触身体的活动，一切活动都可以在网上进行。网是无缝的，万物互联是未来互联网的一部分。所以，创业的空间很大，创业可持续的时间很长。

二、互联网创业的其他领域

下面的补充应用将丰富上文的现有"互联网＋"案例。

（一）电子地图瓦兹（waze）

以色列人设计的地图应用，是全球较大的社区化交通导航应用程式之一。加入瓦兹社区，就可以共享实时交通道路信息。瓦兹利用车友移动设备的 GPS 信息来实时获取有关路面交通流量的信息，从而为汽车驾驶员提供最佳的行车路线，节约时间和金钱。

（二）线上试衣

代表：我要试衣（Fits. me）。它为零售商提供两种服务，其一是适合高端服装的虚拟试衣间（Virtual Fitting Rome），消费者可以切实看到不同尺码的衣服穿在机器人模特上的效果。这套方案要求零售商将各种尺码下某款衣服信息都输入到我要试衣（Fits. me）的信息库中，成本最低也要150 美元。另一种则相对简单，叫穿衣顾问（Fit Adviser），只需输入你的身体尺寸，它就能根据过往的数据推荐合适的衣服尺码。我要试衣（Fits. me）的零售商客户大都将两种服务搭配起来使用，收效也不错。使用虚拟试衣间（Virtual Fitting Rome）服务的用户转化率会高出一倍，退货率也会锐减。

长远来看，虚拟试衣服务可以积累海量的消费者身体尺寸数据，还有用户对不同穿衣风格的喜好，那可是一个更大的金矿。

（三）邮件 APP

例如，新浪邮箱 APP，方便管理邮件。

（四）财经社区（Motif）

你可以在上面分享你的投资组合，并可以看到好友们的投资组合，还可以就用户提供的各种投资组合进行讨论，投资牛人可以在 Motif 上贩卖自己的投资组合。

（五）招聘求职网站：拍卖开发者人才网（Developer Auction）

拍卖开发者人才网把求职的工程师当商品拍卖，让企业用线上竞价的方式获得工程师人才。拍卖开发者人才网针对的主要是一些精英工程师，参与"竞拍"的也是一些巨头。

（六）音乐社区：高品质音乐创造（Tastemaker X）

这家公司成立于 2011 年，构想是让游戏玩家通过买卖某艺人的"股票"来发掘乐坛新人。程序根据一系列指标来决定其"股票"的初始价格，比如，该艺人的作品在另一个音乐发现服务网站 Last. fm 上被播放的次数以及在脸书（Facebook）上被"喜欢"的人数。艺人股票的涨跌取决于一系列因素，包括哪些人一直在买入该股票，以及相关艺人在网上及线下所获得的市场关注程度。玩家的回报则是赚取游戏的虚拟货币"notes"。它相当于现实世界里吹牛的资本：比如，某不知名的乐队成为大热门之前自己曾是它的伯乐。已经有约 10 万个音乐艺人通过了该软件的"首次公开募股（IPO）"计划，在高品质音乐创造（Tastemaker X）音乐平台上推广自己的音乐。目前高品质音乐创造是世界上最"充满激情"的音乐社区。

该公司一部分业务就在离纽交所不远的曼哈顿诺荷区（NoHo）运营。公司首席技术官（CTO）普格里斯在纽约处理业务，而公司首席执行官鲁辛则在旧金山执掌公司。

（七）在线教育（Codecademy）

例如，编程学习网站 Codecademy。Codecademy 并没有任何老师来授课，全程都是依靠程序的反馈和提示教学。Codecademy 建立的编程课，应该是现在世界上最有趣，体验最好的编程课。

Codecademy 更加符合网络化的特质：复制服务不需要成本，并且十分容易规模化扩张。

第三节　基于创业者的创业模式分析

通过对创业变量与参数的分析，能够深刻分析创业经济变量。

一、基于单个因素的创业模式

从模型关键参数的角度，我们可以深入考察不同参数值时的创业的特点。至于参数值与行业的对应关系，是一个需要考察的问题。

1. 高清算回收率 ℓ 的创业与低清算回收率 ℓ 创业

ℓ 越高，则破产期权的价值越大，越有利于创业。而且，高清算回收率有利于创业后的消费、风险资产投资和新增投资。由于我们的模型是数值解，在求解过程中，我们发现，当 ℓ 较低时，比如说 0.5，则模型是难以求解的。

不同行业的清算回收率不同，所以，可以借此研究不同行业的创业特点。

2. 不同实业投资回报率 u_A 与不同波动率 σ_A 组合下的创业

可以分为四种情形，高回报高风险、高回报低风险、低回报高风险、低回报低风险。对于本研究的低回报高风险符合我国近几年股票市场投资的现实。

对于美国的高回报高风险情形。更高的风险降低企业价值，更高的回报则提升企业价值。

对于我国的低回报高风险，则使得创业活动在借款创业时，变得动荡不定，风险较大。所以，我国在加大政策扶持，对冲客观风险的同时，也要顶层设计，让市场自发地提升创业企业的价值，从而为减少政策干预铺平道路。我们的策略，在同等效果的情况下，尽量减少干预，除非迫不得已。为了克服市场失灵，政府介入是必要的。

3. 较高调整成本 θ 的创业与较低调整成本 θ 的创业

较高的调整成本系数在企业资金较充裕的背景下，会降低企业价值、新增投资。对企业的风险资产配置、消费影响不大。影响调整成本的因素很多，市场越发达，调整成本越低。调整成本反映了创业的间接成本，比如各种税费、治安、交通、电信等基础设施，以及行政审批等，都会影响调整成本。而产业聚集、并购金融服务等也能降低调整成本。调整成本是纯粹的消极因素，越低越好。

二、基于多个因素组合的创业模式

上述创业模式中，一旦几个不利的情形叠加起来，就可能会增加创业失败的概率。

1. 低实业投资回率高波动率、低清算回收率下的创业

此时，企业价值可能比较糟糕，消费、风险资产配置、新增投资会下降。要促进创业，必须通过政策等因素，补偿创业者，并提升创业成功率。而 IPO 等强刺激的示范效应对于创业者十分有效，因为 IPOr 回报甚至能达到上百倍。

2. 高实业投资回报率低波动率、高清算回收下的创业

此时，市场的自发力量能够良性有序运行，政府要减少干预。

当前情况下，我国许多事情的解决都需要政府干预，这有客观上的要求，以创业为例。但是，政府在干预的时候，要铭记：市场最好的状态是不需要政府干预，自身有序运转。否则，经济制度扭曲会导致经济系统对政府科学干预的严重依赖，进而使市场对政府的干预产生越来越少的积极反应，最终使政府干预失效。就像服用抗生素一样，有炎症时服用最有效，如果长期服用，机体将对抗生素失去效应。虽然说现在市场和政府双轮驱动，但是，我们的制度设计要着眼于市场自治。

第五章

未来研究方向与政策建议

未来研究方向

一、本研究的特色与创新之处

本研究的特色和创新之处在于将国际前沿的动态随机和局部均衡这两种研究方法综合起来，运用于创业机制研究。创业机制首先表现为一个创业过程，共使用 22 个变量和 17 个参数，能够分析创业动态机制这个复杂的问题。下面的创业过程研究框架示意图（见图 5.1），可以继续容纳其他创业问题，从而贴近现实。机制研究好比一个平台，为将来的这个方向的后续研究打开了研究空间。

本研究的特色与创新表现在以下几点。

1. 理论内容方面特色与创新

（1）将创业风险、创业决策、创业融资、创业退出、创业进入、财富和创业管理等一些创业研究相关的概念范畴，与创业资本、收入、消费、投融资、金融投资等经济学概念联系起来，从而开辟了系统性地利用

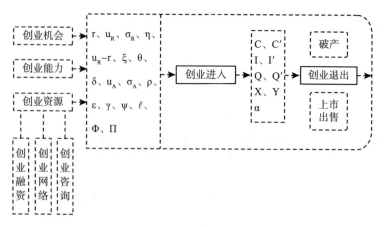

图 5.1　引入其他创业问题的模型拓展概念

经济学原理进行创业机制研究的新领域。（2）新领域具有交叉学科的特点，需要经济学、数学、金融学、管理学等学科的交叉研究。例如，创业风险就是经济学、数学、管理学、金融学的共同研究对象，各个学科的视角不同。学科交叉是理论创新的重要来源。（3）系统地考察创业概念与经济学概念在数量与质量两方面的联系。例如，创业网络、创业教育、创业机会等创业概念与模型具体参数的逻辑关系和数量关系，学术创业、技术创业、国际创业等创业类型与高科技创业的逻辑关系。这样全面深刻考察的目的，就是要科学地理解高科技创业的概念，从而调动资源，制度创业，推动我国的高科技创业。（4）对创业者创业前后三个阶段进行建模。创业者在不同阶段具有不同的财富增长方程，不同的生产、消费、实业投资、投融资等经济行为，需要进行业务进入、业务退出、发放股利、异质风险管理等基本决策。

2. 研究方法特色与创新

（1）引入国际前沿的经济学研究方法，考虑高科技技术冲击和金融市场冲击这两种外部冲击，并且将动态随机分析方法与局部均衡分析方法结合起来，从而考察了创业机制的动态特征和均衡特征（见图 5.2）。（2）化偏微分方程为常微分方程，利用 matlab 编写有限差分求解程度。

将引入递归效用的 HJB 方程分别对变量 C、X、I 求最优，即偏导数为 0，得到三个等式，再分别代入 HJB 方程，得到二阶非线性的常微分方程，进而对常微分方程求解。我们将借助 matlab，利用有限差分法编写程序进行计算，获得数值解。

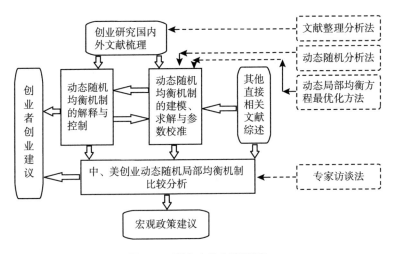

图 5.2　研究方法创新展示

二、未来研究有待深入的问题

我们的研究取得了一定的成效，进行了有益的探索。但是，还可以更加深入地研究，也需要额外艰巨的努力。

（一）模型求解中新的问题

我们初步解决了本研究模型的求解问题，得出了许多有深度的较为可信的结论。但是，模型的设计需要更多探索。

1. 我们使用了齐次性假设，即 P（K，W）= p（w）· K，如果是其他特殊函数形式呢？这样的假设有多大的合理性？现有数据能够论证吗？如何论证？

2. 对于某些数据匹配，我们的模型求解得出复数，如何理解，如何求解？

3. 我们通过有限差分法，将限定条件嵌入程序中，予以求解。常规的一元二次非线性常微分方程，解决不了这个终值、自由边界，甚至有奇点问题的解。当然，如果知道初值，问题就相对简单了，因为 matlab 有现成的方法。我们能否用通用的数学方法来解这个问题？这需要更深的数学方面的功底，有一定的难度。总之，我们虽然初步解决了模型求解问题，但并不是没有瑕疵，我们对模型的数学认识还不够深刻，因而，在用模型去解决创业经济学的问题时，空间就没有完全打开。

我相信，对模型更加深刻的数学认识这个问题，是可以解决的，但需要时间，需要数学知识的积累，需要严密的数学思维和扎实的微分方程求解方面的功底。

所以，我们还需要通过数学方面的研究，把这个模型认识得更加深刻一些。

4. 根据现实需要，模型还需要加入变量和参数，以便使模型的经济逻辑更加接近现实，又能保证模型可解，至少可以被深刻把握。

例如：（1）风险投资因素如何引入模型？（2）把借款金额与清算回收率作为两个参数，如何？（3）中国的相对风险厌恶到底是多少？运用哪些数据可以得出科学的结果？（4）$P(K, W)$ 是创业者主观价值，如果是上市公司，将有更多的数据，该如何利用这些数据？也就是说，能否对上市公司创业者建模？当然，上市公司因为股东较多，问题要复杂得多。是否可能建模呢？（5）参数基准值如何科学确定？怎么认识这些参数的中、美差异？毕竟，经济形势不同，参数值也不同。到底取什么样的值更加合理呢？（6）是否漏掉了重要变量？因为中国的发展日新月异，中、美经济制度存在重要差异，美国适用的模型，可能中国并不适用。（7）本研究用了递归效用，效果还是比较理想的。那么，其他效用函数的效果如何呢？

其实以上问题彼此之间是关联的。要深刻地认识这些问题，需要思考，需要智慧和时间，并不是一天两天就能解决的。这些问题认识清楚，需要 5～10 年的时间。

（二）模型的应用前景

这需要判断：（1）模型结果是否能够实证？如何实证？（2）模型的应用场景是否符合创业经济逻辑？现实数据是否能够支撑模型的理论？（3）模型的求解方法是否科学？未来的可扩展性如何？（4）模型如何与国家统计数据联系起来？（5）将投资回报冲击 A、风险资产配置 X 中的某一个或两个变量作为随机变量，结果如何呢？（6）$\rho \neq 0$ 呢？在本模型中，假设市场资产组合冲击（u_R，σ_R）与公司生产率冲击（u_A，σ_A）的相关性（见表 2.2）为 0。

目前来看，该模型有着坚实的经济学逻辑，得出的初步结论基本符合现实。但是，我们要再迈出一步，难度还要加大。

难度虽然有，但可以克服：按照科学的研究方法和步骤推进研究，总可以找到解决问题的方法和答案。哪怕是问题不可解，只要是科学的，都是有价值的收获。

正是通过解决原有问题，我们前进了一步，然后看到了更多需要回答的问题，再前进一步。

（三）中、美差异需要更深刻更全面的认识

关于中、美创业制度与个体特性等差异（见图 5.3）。

粗略地回答问题也许不很费力，但是要科学地回答，则需要惊人的付出。要做出经得起推敲的研究结论，需要进行更多反思，看看研究是否有漏洞。

（1）我们要分析参数与创业决定因素之间的逻辑与数量关系。在数量关系背后，其经济逻辑是什么？如果有近似处理的话，在什么地方近似处理会成为错误？

（2）分析哪些宏观政策如何影响模型参数值，从而将宏观环境与微观反应结合起来，将宏观政策与微观反应结合起来。

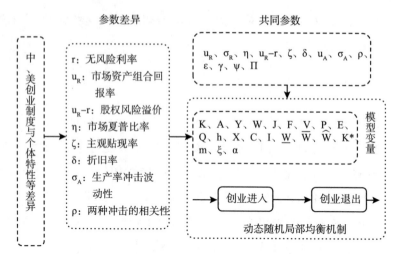

图5.3 突出参数差异的中、美高科技创业模型概念

第二节 政策建议

一、提出政策建议的技术路线

三个部分的整体逻辑关系如图5.4所示。

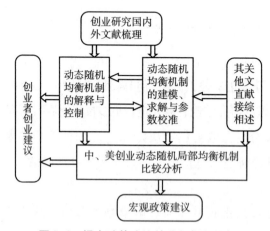

图5.4 提出政策建议的分析框架逻辑

根据前述研究，我们可以总结如下。

（一）提高股市收益率，降低高波动率

这种波动率的降低，需要市场内在特质的支持。波动率有一个合理的范围，波动率过高或过低都是不正常的。例如，对于美国来说，过低的波动率往往是金融危机的前兆，因为市场过于乐观了，市场泡沫并不被人觉察和认可，而最终的经济周期，渐渐摧毁市场的流动性和信心，引发危机。所以说，我们要降低过高的波动率，但并不是让波动率维持在很低的水平。

其实，我们要做的还是一个健康的股市市场建设。这是一个很大的话题，也容易引起争论。成熟的市场应该有这么几个特征：（1）市场买卖基于企业长远发展能力的判断，而不仅仅基于概念进行炒作。（2）市场没有明显的违法犯罪行为，若有，违法一定会受到处罚。这种预期被市场参与者普遍遵守。（3）市场不断有企业淘汰，也不断有新企业进来，市场新陈代谢能够平静地进行，不会引起动荡。（4）企业只能通过真实的盈利才能抬高股价。（5）企业高管只能通过更高水平的管理来获得更高的收入，而不是各种"马无夜草不肥"的活儿。

股票市场的清风，需要国家金融反腐的深入，需要的是一种廉洁机制的确立。

（二）降低创业成本，减小创业风险，提高创业失败宽容度

降低创业成本能够增加消费，增加新增投资，提升企业价值。
减小创业风险，同样能达到积极的创业效果。

（三）通过市场力量的发育和互联网建设，建立公平高效的资产处置市场，盘活全社会资产存量

法院拍卖资产，价格如果被操纵的话，拍卖价格往往比市场交易价格低很多，严重损害债务人的利益，使债务人的资产严重缩水。这样的例子

在全国并不少见，有法院拍卖被黑社会操纵的报道。所以，法院处置的资产价格要公平。

清算市场的资产处置要高效，价格确定公平高效，成交速度快，费用低，交易风险小。这样的市场会减少创业者的后顾之忧，有利于增强创业者福利。

（四）降低全社会的创业相对风险厌恶水平，提高跨期替代系数

降低相对风险厌恶水平，可以提升企业价值，有利于促进投资，增加风险资产投资，增加消费。提高跨期替代系数有利于增加投资，提升企业价值，但是，会降低资金充裕时的消费。

二、确立创业相关概念与模型变量和参数之间的逻辑对应关系

本模型变量与参数较多，又基于严密的经济学含义和数学推理，反映的逻辑关系较为多维（见图 5.5）。各变量或参数的大小，即数量，与变量或参数的经济学含义，即质性，是统一的。

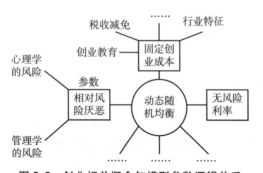

图 5.5 创业相关概念与模型参数逻辑关系

这种逻辑关系将是我们深入研究模型及其参数意义的重要内容，从而使得模型更加符合现实，更能解释与预测现实。这方面的工作很有现实意

义，是让我们未来研究成果落地的重要方向。

图 5.5 表明，创业相关概念通过模型变量或参数影响动态随机局部均衡，这样从逻辑上来说，创业相关概念的数值对应不同的均衡，就为创业政策的制定留下了可操作的手段与空间。

（一）如何降低创业固定成本

1. 取决于创业的领域

如果"互联网＋"创业的初期成本并不高，只要能够让风险投资市场看到光明前景，风投资金就会积极跟进。如果是电动汽车创业，则需要较多的固定资产投资，特别是要达到一个规模生产的门槛，以保持价格竞争力，更是需要巨资。

2. 显性成本高一点，但隐性成本低是很好的选择

显性成本一般指房租等成本；隐性成本，指的是那些看不到的成本，例如员工上、下班的时间成本，附近员工吃住的成本，还有对外沟通交流的成本，这些都是看不到的成本。所以孵化器的地段很重要。美国许多创业者选择车库创业，中国很多创业者其实都是选择在民宅。高性价比办公室，或者入驻孵化器，进驻高科技园区等方法可以降低创业成本。

创业队伍要精简高效，脚踏实地。创业是最快时间试错的过程。用最短的时间证明一个模式是否可行是极其重要的，越快证明一个模式不可行，你就可以越早去折腾下一次机会。

3. 降低注册成本

（1）成功的资本市场注册制可以降低融资成本。（2）集团注册。（3）"五证合一"等。（4）取消注册登记费等。

4. 政府扶持

（1）减税减负。（2）高科技园区、孵化器等创新平台创业。

5. 新技术

智慧云制造、网上开店、微店等会降低创业成本。

6. 其他

利用行业资源。如果投资者在业内有雄厚的人脉关系，并熟知业内的各种资源（如加工、销售、研发），可以试试。

农村包围城市，特别是快速发展阶段的农村，如果对产品需求旺盛，则是好机会。

（二）如何降低创业风险

1. 经营角度

（1）参与创业培训。

（2）在做决策的时候进行细致的调查和评估，选择趋势性行业。

（3）经营自己的产品，会产品营销，有创新思维。

（4）创业者的坚持。很多创业者一旦遇到风吹草动，就瞻前顾后、偃旗息鼓。这反映了创业者在挫折中的抗压能力和执着精神。做企业、做事业必须要有一股狠劲儿。即便到最危急的时刻，也要认准目标和心中的理想，坚持下去。

2. 融资角度

（1）获取风险投资。

（2）获取创业基金及科技部、发改委、农业农村部等财政资金的支持。

3. 网络资本角度

（1）接近创业圈。

（2）拥有可控优质资源。

（三）如何提高跨期替代系数

关于替代弹性的大小，国内外的数值差异较大，有接近于 0 的，有大于 1 的，有估算 1 的，无法取得一致。

我们认为，我国人民的消费意愿逐渐增强是历史的趋势。因为上一代为下一代积累了财富，下一代的消费能力就相对较强。跨期替代弹性反映了一个社会消费的现实，是长期稳定的，只能渐变，不太可能突变。

跨期替代弹性大，则企业价值相对较高，投资也相对较多，但是，长期消费相对下降。这个结论很有意思，虽然乍一看不太像，细一想却有道理。因为投资与消费是此消彼长的关系。

从长期来看，以下因素有利于提高跨期替代弹性：（1）GDP 的持续长期增长。财富积累为未来的消费增长打下了坚实的基础。（2）财富传承。上一代人攒钱，下一代人花。（3）社会保障制度的完善。（4）科技革命不断降低社会成本，从而使存量财富获得更高的时间价值。

（四）如何降低全社会的相对风险厌恶水平

创业风险厌恶程度是内生于企业家的一个变量，一般与企业家的经历、性格等因素相关。创业风险厌恶程度不同，会影响是否创业和融资结构的选择。根据研究，相对风险厌恶的金融财富效应为负，房产财富效应为正。但是，创业风险厌恶系数却因人而异。

以下方法可以降低全社会的创业风险厌恶水平，从而能够增加全社会的创业融资和创业行为。

1. 通过教育，鼓励冒险和开拓精神，而不拘泥于墨守成规。

2. 通过保险、期货、风险投资等方式，降低创业失败的后果，不至于出现无法生存、被人追杀乃至自杀等现象。华尔街每次金融风暴，都有人沦为乞丐，甚至自杀。创业失败的后果不应当是这样。这就需要很多因素的配合。如果投资者拿的是养老的钱，募集资金者又涉嫌高息非法集资、庞氏骗局等违法犯罪行为，后果恐怕不能那么从容。创业失败的后果要能被社会接受，就必须有专业玩家。凡是面向人民大众集资，以高收入为诱饵的，公安局应该提前介入。因为正规的投资机构，对项目的投资管理能力，要远远大于普通老百姓。

3. 借助高科技园区等的创业服务机构的帮助，提高创业成功的概率，从而降低相对风险厌恶水平。也就是说，在创业环境较友善的情形下，创业者放下了自己忐忑不安的心，开始创业；或者对自己创业成功的概率估计更加乐观。这些都有利于创业。

4. 创业者对创业项目进行合理设计，根据个人的风险承受能力和心理承受能力，选择适当的创业退出时机和方式。"留得青山在，不怕没柴烧"。

（五）创业者要加强现金管理能力

1. 避免过度扩张导致的资金链断裂。

2. 关注经济周期，在经济寒冬到来的时候，手中要有"货币财富"，从而避免破产，并能够化危为机，逆势扩张，迎接下一个风口。

3. 上市公司的创业者在股价高昂的时候，如果现金流紧张，出售部分股票是正常的。

4. 有银行借款等净负债的时候，要能够吸引新的资本投入，避免出现金融或经济危机中创业企业现金流不足，被迫倒闭的现象。

5. 加强管理能力，建立创业团队合理的人力资本结构。

创业是一个拼搏的过程，许多成功的企业（阿里巴巴），也是不断克服危机才走到今天的。创业是为了实现梦想，然而，只有经历过风雨雷电交加、惊心动魄的危机，才能摘到甜蜜的果实。

参 考 文 献

[1] 蔡莉,单标安.中国情境下的创业研究:回顾与展望 [J].管理世界,2013 (12):160 – 169.

[2] 蔡莉,葛宝山,朱秀梅,费宇鹏,柳青.基于资源视角的创业研究框架构建 [J].中国工业经济,2007 (11):96 – 103.

[3] 蔡晓珊,陈和.人力资本密集型企业:创业环境与运作机理 [J].改革,2014 (4):52 – 60.

[4] 曹小红,蔡莉,苗淑娟.基于高技术产业集群的模仿创业决策机理研究 [J].科学学研究,2008 (8):739 – 748.

[5] 陈劲,朱学彦.学术型创业家与企业绩效关系研究 [J].中国软科学,2006 (4):124 – 129.

[6] 陈世清.创业经济学论纲 [J].华东理工大学学报 (社会科学版),2003 (2):33 – 39.

[7] 陈文婷,李新春.中国企业创业学习:维度与检验 [J].经济管理,2010 (8):63 – 72.

[8] 陈震红.创业者创业决策机构的风险行为研究 [D].武汉:武汉理工大学,2004.

[9] 陈忠卫,杜运周.社会资本与创业团队绩效的改进 [J].经济社会体制比较,2007 (3):138 – 142.

[10] 迟建新.不同生命阶段创业企业贷款组合模型研究 [J].金融研究,2009 (12):151 – 161.

[11] 崔祥民,梅强.产业集群内创业者社会资本、信任与创业融资

[J]. 软科学, 2010 (11): 98 - 101.

[12] 杜建华, 田晓明, 蒋勤峰. 基于动态能力的企业社会资本与创业绩效关系研究 [J]. 中国软科学, 2009 (2): 115 - 126.

[13] 段锦云, 田晓明, 薛宪方. 效果推理: 不确定性情境下的创业决策 [J]. 管理评论, 2010 (2): 53 - 58.

[14] 方世建, 桂玲. 创业政策视角下创业和经济增长的关系 [J]. 经济管理, 2009 (5): 161 - 166.

[15] 房四海, 王成. 创业企业定价的复合实物期权模型 [J]. 数量经济技术经济研究, 2003 (9): 63 - 68.

[16] 葛宝山, 董保宝. 创业研究学术论文发表现状分析 [J]. 科学学研究, 2009 (2): 264 - 271.

[17] 葛宝山, 冯梓洋, 韩清艳. 我国创业企业投资模式研究 [J]. 经济纵横, 2013 (6): 104 - 106.

[18] 龚荒. 创业管理——过程·理论·实务 [M]. 北京: 清华大学出版社, 北京交通大学出版社, 2011.

[19] 辜胜阻, 肖鼎光. 完善中小企业创业创新政策的战略思考 [J]. 经济管理, 2007 (7): 25 - 31.

[20] 桂萍, 宋兵. 高科技企业创业决策的动态最优控制分析 [J]. 科技进步与对策, 2007 (2): 87 - 89.

[21] 郭建莺, 于素丽. 创业企业与产业集群研究 [J]. 经济学动态, 2005 (5): 38 - 41.

[22] 郭文伟. 创业股东特征、融资模式与新创小微型企业绩效 [J]. 上海经济研究, 2013 (6): 102 - 110.

[23] 胡海峰. 对创业资本契约理论及其未来研究方向的探讨 [J]. 经济学动态, 2001 (8): 26 - 31.

[24] 胡海青, 张雯, 张宝健, 张道宏. 网络交互模式与创业支持类型——基于中国孵化产业的实证分析 [J]. 科学学研究, 2012 (2): 275 - 283.

[25] 华斌，陈忠卫．高管团队凝聚力、冲突与组织绩效——基于创业过程的研究［J］．当代财经，2013（12）：69－78．

[26] 黄胜，周劲波．制度环境对国际创业绩效的影响研究［J］．科研管理，2011（10）：87－94．

[27] 黄胜，周劲波．制度环境、国际市场进入模式与国际创业绩效［J］．科研管理，2014（2）：54－61．

[28] 惠恩才．创业投资的发展演化与运行机制剖析［J］．经济社会体制比较，2008（5）：134－139．

[29] 霍亚楼．创业过程的研究模式及框架重构［J］．企业经济，2009（10）：12－15．

[30] 蒋健，刘智毅，姚长辉．IPO 初始回报与创业投资参与——来自中小企业板的实证研究［J］．经济科学，2011（1）：81－92．

[31] 杰拉德·乔治，亚当·J．博克．技术创业技术创新者的创业之路［M］．北京：机械工业出版社，2009．

[32] 李宏彬，李杏，姚先国，张海峰，张俊森．企业家的创业与创新精神对中国经济增长的影响［J］．经济研究，2009（10）：99－108．

[33] 李华晶，肖玮玮．机会识别、开发与资源整合：基于壹基金的社会创业过程研究［J］．科学经济社会，2010（2）：94－97，102．

[34] 李华晶，邢晓东．国外学术组织创业问题研究评述［J］．经济理论与经济管理，2008（11）：31－35．

[35] 李华晶，张玉利，王秀峰，姚琴．基于 CPSED 的创业活动影响因素实证研究［J］．科学工作者学研究，2012（3）：417－424．

[36] 李仁苏．企业家创业行为心理动因的实证分析［J］．中国软科学，2008（4）：88－97．

[37] 李文婷，曹琳琳，陈叙伊，王陆庄．基于 GEM 模型的杭州城市创业环境研究［J］．科研管理，2008（5）：29－39．

[38] 李小康，胡蓓．大企业衍生创业对创业集群形成的影响研究［J］．科研管理，2013（9）：72－80．

[39] 李雪灵, 万妮娜. 基于 Timmons 创业要素模型的创业经验作用研究 [J]. 管理世界, 2009 (8): 182 – 183.

[40] 李永强, 白漩, 毛雨, 曾峥. 创业意愿影响因素研究综述 [J]. 经济学动态, 2008 (2): 81 – 83.

[41] 李政, 何彬. 创业是否能促进我国技术进步及效率提高?——一个基于面板协整方法的分析 [J]. 经济社会体制比较 (双月刊), 2009 (6): 155 – 161.

[42] 李政, 金晓彤. 发展创业型经济的路径模型与政策趋势 [J]. 经济社会体制比较, 2008 (2): 154 – 158.

[43] 林篙. 创业网络的概念发展——一个系统的三维模型 [J]. 经济管理, 2009 (1): 55 – 60.

[44] 林篙, 张玮, 邱琼. 创业过程的研究评述及发展动向 [J]. 南开管理评论, 2004 (3): 47 – 50.

[45] 林剑. 社会网络视角下的创业融资 [J]. 上海金融, 2006 (7): 8 – 11.

[46] 林剑. 社会网络作用于创业融资的机制研究 [J]. 南开管理评论, 2006 (4): 70 – 75.

[47] 林嵩. 创业机会的深度分析——生命周期理论的视角 [J]. 科学学研究, 2007 (12): 1167 – 1172.

[48] 林嵩. 房地产行业对于创业活动的挤出效应——基于中国跨地区面板数据的分析 [J]. 经济管理, 2012 (6): 21 – 29.

[49] 林嵩. 基于创业过程分析的创业网络演化机制研究 [J]. 科技进步与对策, 2010 (8): 5 – 8.

[50] 林嵩, 姜彦福. 创业活动为何发生: 创业倾向迁移的视角 [J]. 中国工业经济, 2012 (6): 94 – 106.

[51] 林嵩, 姜彦福. 基于创业机会特征的新创企业竞争性行为研究 [J]. 科研管理, 2008 (1): 48 – 51, 65.

[52] 林嵩, 张帏, 姜彦福. 创业成长模型评述及构建思路探讨 [J].

科研管理，2007（1）：77，84 - 88.

[53] 林毅夫．新结构经济学［M］．北京：北京大学出版社，2014.

[54] 刘楠，明皓．互联网创业密码［M］．北京：电子工业出版社，2014.

[55] 刘平青，杨馥榕．私营企业主创业行为的心理学解释及验证［J］．科研管理，2008（12）：100 - 109.

[56] 刘沁玲．中国创业学研究的现状与未来方向［J］．科学学研究，2008（8）：702 - 709.

[57] 刘青，张超，吕若思，卢进勇．"海归"创业经营业绩是否更优：来自中国民营企业的证据［J］．世界经济，2013（12）：70 - 89.

[58] 刘万利，胡培．创业风险对创业决策行为影响的研究——风险感知与风险倾向的媒介效应［J］．科学学与科学技术管理，2010（9）：163 - 167.

[59] 刘亚玲．创业型跨区域投资的内涵、起因和特点［J］．经济学动态，2005（3）：58 - 60.

[60] 刘志阳，葛倩倩．创业投资网络研究综述［J］．经济社会体制比较（双月刊），2009（6）：180 - 185.

[61] 刘志阳，施祖留．创业企业基于生命周期的治理结构动态演进模型［J］．经济社会体制比较，2007（6）：34 - 39.

[62] 卢福财，宁亮，胡平波．政府行为如何促进创业活动［J］．经济管理，2009（7）：13 - 20.

[63] 鲁兴启．科技创业家成长研究：一种基于社会网络的视角［J］．中国软科学，2008（3）：115 - 121.

[64] 鲁兴启，聂鸣．科技创业家创业过程中的社会网络与创业资本［J］．科技管理研究，2010（21）：141 - 145.

[65] 陆园园，张红娟．中国创业问题研究文献回顾［J］．管理世界，2009（9）：158 - 167.

[66] 马光荣，杨恩艳．社会网络、非正规金融与创业［J］．经济研

究，2011（3）：83－94.

［67］马可一，王重鸣．创业合作中的信任—承诺—风险［J］．经济理论与经济管理，2003（4）：43－47.

［68］马昆姝，胡培．基于风险感知的创业决策研究［J］．软科学，2008（9）：104－107，111.

［69］买忆媛，辜雪娜．工作经验一定有助于创业过程吗：基于工作内嵌入的分析［J］．南开管理评论，2011（2）：144－149.

［70］买忆媛，周嵩安．创新型创业的个体驱动因素分析［J］．科研管理，2010（9）：11－21.

［71］梅琳，贺小刚，李婧．创始人渐进退出还是激进退出？——对创业家族企业的实证分析［J］．经济管理，2012（1）：60－70.

［72］［美］Steven Gary Blank. 四步创业法［M］．七印部落，译．湖北：华中科技大学出版社，2012.

［73］苗青．创业决策形成的微观机制：因果模型检验［J］．科学学研究，2009（3）：430－434.

［74］倪正东，孙力强．中国创业投资退出回报及其影响因素研究［J］．中国软科学，2008（4）：48－56.

［75］彭华涛，谢科范．创业社会网络图谱的特征及形成机理分析［J］．科学学研究，2007（4）：324－327.

［76］齐玮娜，张耀辉．领先还是模仿：基于商业知识溢出的创业决策机制研究［J］．科学学与科学技术管理，2014（7）：128－137.

［77］钱苹，张帏．我国创业投资的回报率及其影响因素［J］．经济研究，2007（5）：78－90.

［78］秦志华，刘传友．基于异质性资源整合的创业资源获取［J］．中国人民大学学报，2011（6）：143－150.

［79］秦志华，徐斌，张明慧．创业融资中社会资本作用机理的理论模型解释［J］．管理评论，2002（5）：10－20.

［80］任迎伟，李静．创业过程组织社会网络动态演进机理研究［J］.

四川大学学报（哲学社会科学版），2013（5）：104－111.

[81] 任玉珑，米旭明. 创业投资生命周期决策方法研究 [J]. 中国软科学，2003（2）：136－139.

[82] 申嫦娥. 我国创业投资的税收激励政策研究 [J]. 财政研究，2010（11）：12－14.

[83] 沈冬薇，颜士梅. 创业决策影响因素分析——基于内容分析的多案例研究 [J]. 科学管理研究，2009（8）：76－79.

[84] 沈沛. 创业投资事业的发展与现代投资银行的作用 [J]. 经济研究，2000（12）：20－25.

[85] 唐靖，张帏，高建. 不同创业环境下的机会认知和创业决策研究 [J]. 科学学研究，2007（4）：328－333.

[86] 田莉，龙丹. 创业过程中先前经验的作用解析——最新研究成果评述 [J]. 经济理论与经济管理，2009（11）：41－45.

[87] 田增瑞. 创业投资中的显性与隐性激励机制研究 [J]. 复旦学报，2009（12）：801－806.

[88] 田增瑞，司春林. 创业期权及其管理价值 [J]. 经济管理，2003（16）：40－45.

[89] 王东静. 创业资本融资来源与投资特点的国际对比研究 [J]. 经济理论与经济管理，2006（9）：44－48.

[90] 王松奇，徐义国. 政府扶持与创业投资发展 [J]. 财贸经济，2002（1）：11－18.

[91] 王浙勤，蔡根女，宋金刚. 创业决策的理性选择过程观察——基于对604名农村微型企业创业者的调查 [J]. 农村经济，2010（7）：126－129.

[92] 王延荣. 高新技术创业动力的经济学分析 [J]. 科研管理，2006（9）：30－34.

[93] 王玉春. 构建引导社会资本参与创业风险投资的保障系统 [J]. 财贸经济，2008（7）：78－81.

[94] 韦雪艳，闫雅翠. 小微企业创业决策过程模型研究 [J]. 科技进步与对策，2014 (7): 83 – 87.

[95] 魏拴成，姜伟. 创业学：创业思维·过程·实践 [M]. 北京：机械工业出版社，2013.

[96] 吴冰，王重鸣，唐宁玉. 高科技产业创业网络、绩效与环境研究：国家级软件园的分析 [J]. 南开管理评论，2009 (3): 84 – 93.

[97] 吴汉荣. 以色列科技创业融资政策研究及启示 [J]. 科技进步与对策，2013 (5): 124 – 126.

[98] 吴凌菲，吴洒宗. 文化环境与创业过程的关系 [J]. 经济管理，2007 (13): 76 – 80.

[99] 夏清华，易朝辉. 不确定环境下中国创业支持政策研究 [J]. 中国软科学，2009 (1): 66 – 72，111.

[100] 谢洪明，程聪. 企业创业导向促进创业绩效提升了吗？一项 Meta 分析的检验 [J]. 科学学研究，2012 (7): 1082 – 1092.

[101] 忻榕，聂东平，张菱. 创业的轨迹——中国当代创业家行为模式解析 [M]. 上海：上海三联书店，2009.

[102] 熊飞，邱菀华. 美国创业学发展及其对中国的借鉴 [J]. 科学学研究，2006 (8): 132 – 137.

[103] 熊智伟，王征兵. 基于 AHP 的返乡农民工创业决策影响因子研究 [J]. 江西社会科学，2011 (6): 246 – 249.

[104] 徐红罡，唐周媛. 旅游发展背景下民族手工艺企业家创业过程研究 [J]. 西南民族大学学报（人文社会科学版），2014 (9): 124 – 129.

[105] 徐姗姗. 美国式创业融资契约在中国法下的障碍与实现 [J]. 国际商务研究，2006 (3): 41 – 46.

[106] 徐中，姜彦福，谢伟，林嵩. 创业企业架构能力、元件能力与绩效关系实证研究 [J]. 科学学研究，2010 (5): 747 – 756.

[107] 薛永基，李健，葛文. 国外创业金融研究综述 [J]. 经济理论与经济管理，2009 (7): 45 – 49.

[108] 薛永基，夏恩君．创业融资控制权安排研究——创业者激励与约束视角 [J]．经济与管理研究，2008（9）：51－55.

[109] 颜秋许．风险投资者评价创业公司价值的一种方法 [J]．数量经济技术经济研究，2004（6）：124－127.

[110] 杨东化，朱建新，李肖鸣．中国青年创业案例精选 [M]．北京：清华大学出版社，2011.

[111] 杨海．"海归"创业融资的现状、问题和对策 [J]．中国社会科学院研究生院学报，2008（3）：56－61.

[112] 杨怀印，曲国丽．我国自主创业群体的扶持与鼓励策略研究 [J]．经济管理，2009（6）：11－15.

[113] 杨锦秀，吴燕丽．创业补贴下农民工寻租行为的博弈分析 [J]．经济管理，2012（3）：172－178.

[114] 杨俊．创业决策研究进展探析与未来研究展望 [J]．外国经济与管理，2014（1）：2－11.

[115] 杨蒙莺，陈德棉．风险投资介入的最优创业融资探讨 [J]．科学管理研究，2005（2）：88，111－113.

[116] 杨敏利，李昕芳，仵永恒．政府创业投资引导基金的引导效应研究 [J]．科研管理，2014（11）：8－16.

[117] 杨其静，王宇锋．个人禀赋、制度环境与创业决策：一个实证研究 [J]．经济理论与经济管理，2010（1）：68－73.

[118] 杨郁．促进创业的财政法研究 [J]．财政研究，2013（3）：61－63.

[119] 姚峰，鲁明泓．企业创业阶段的经营管理 [J]．南京社会科学，2004（S2）：217－227.

[120] 姚疏春，王研．创业型经济的经济学属性解析 [J]．学习与探索，2011（3）：188－190.

[121] 叶明海，王吟吟，张玉臣．基于系统理论的创业过程模型 [J]．科研管理，2011（11）：123－130.

[122] 易朝辉. 创业者与创业投资家的信任结构实证研究 [J]. 科学学研究，2011 (6)：914 – 923.

[123] 易朝辉. 资源整合能力、创业导向与创业绩效的关系研究 [J]. 科学学研究，2010 (5)：757 – 762.

[124] 殷林森，胡文伟. 创业投资双边道德风险研究述评 [J]. 经济学动态，2008 (1)：128 – 132.

[125] 殷林森，李湛，李珏. 基于最优停时理论的创业投资退出决策模型研究 [J]. 南开管理评论，2008 (4)：97 – 99，104.

[126] 尹珏林，张玉利. 制度创业的前沿研究与经典模型评介 [J]. 经济理论与经济管理，2009 (9)：39 – 43.

[127] 俞园园，梅强. 产业集群内企业创业过程合法化研究 [J]. 科技进步与对策，2014 (5)：60 – 65.

[128] 翟庆华，苏靖，叶明海，田雪莹. 国外创业研究新进展 [J]. 科研管理，2013 (9)：131 – 138.

[129] 张东生，刘健钧. 创业投资基金运作机制的制度经济学分析 [J]. 经济研究，2000 (4)：35 – 40，79.

[130] 张钢，彭学兵. 创业政策对技术创业影响的实证研究 [J]. 科研管理，2008 (5)：60 – 67，88.

[131] 张宏云，郭雯. 工业设计服务业创业导向影响因素研究 [J]. 科学学研究，2011 (12)：1875 – 1883.

[132] 张建英. 创业活动与经济增长的内在关系研究 [J]. 经济问题，2012 (7)：42 – 45.

[133] 张健，姜彦福，林强. 创业理论研究与发展动态 [J]. 经济学动态，2003 (5)：71 – 74.

[134] 张陆洋. 我国科技企业创业成长机制的研究 [J]. 世界经济文汇，2005 (4)：162 – 165.

[135] 张茉楠. 面向创业型经济的政策设计与管理模式研究 [J]. 科学学研究，2007 (6)：73 – 79.

[136] 张帏. 中关村留学人员创业企业发展的瓶颈调研 [J]. 中国软科学, 2007 (8): 116 - 122, 130.

[137] 张帏, 袁晓璐. 技术企业创业策略与创业绩效关系实证研究 [J]. 科学学研究, 2008 (10): 166 - 170, 115.

[138] 张小洪, 陈剑, 潘德惠. 有限耐烦期随机库存系统的最优控制 [J]. 中国管理科学, 2004 (4): 38 - 43.

[139] 张秀娥, 周荣鑫, 王晔. 文化价值观、创业认知与创业决策的关系 [J]. 经济问题探索, 2012 (10): 74 - 80.

[140] 张映红. 公司创业理论的演化背景及其理论综述 [J]. 经济管理, 2006 (7): 4 - 10.

[141] 张玉利, 杜国臣. 创业的合法性悖论 [J]. 中国软科学, 2007 (10): 47 - 58.

[142] 张玉利, 龙丹, 杨俊, 田莉. 新生技术创业者及其创业过程解析——基于 CPSED 微观层次随机抽样调查的证据 [J]. 研究与发展管理, 2011 (10): 1 - 10, 109, 135.

[143] 张玉利, 田新, 王瑞. 创业决策: Effectuation 理论及其发展 [J]. 研究与发展管理, 2011 (4): 48 - 57.

[144] 张玉利, 杨俊. 企业家创业行为的实证研究 [J]. 经济管理, 2003 (20): 19 - 26.

[145] 赵洪江, 夏晖. 基于自组织理论的创业金融体系构成、演化及发展对策研究 [J]. 中国软科学, 2009 (S2): 107 - 112.

[146] 赵绚丽. 大力发展创业型经济的思考 [J]. 宏观经济管理, 2012 (6): 61 - 63.

[147] 赵艳萍, 梅强, 赵观兵, 孙玉青. 产业集群内创业网络对中小企业创业过程影响的实证研究 [J]. 科技进步与对策, 2013 (9): 104 - 109.

[148] 郑炳章, 朱燕空, 张红保. 创业研究—创业机会的发现、识别与评价 [M]. 北京: 北京理工大学, 2009.

[149] 郑风田, 傅晋华. 创业型经济的兴起与我国创业政策面临的挑战 [J]. 经济理论与经济管理, 2007 (6): 25 - 29.

[150] 郑秀芝. 创业决策研究观点分析与发展趋势展望 [J]. 企业经济, 2011 (12): 104 - 106.

[151] 郑秀芝, 龙丹. 基于过程观的创业决策研究述评与展望 [J]. 外国经济与管理, 2012 (8): 11 - 17.

[152] 周鸿祎. 我的互联网方法论 [M]. 北京: 中信出版社, 2014.

[153] 周京奎, 黄征学. 住房制度改革、流动性约束与"下海"创业选择——理论与中国的经验研究 [J]. 经济研究, 2014 (3): 158 - 170.

[154] 周煊, 刘燕红, 刘然. 中国创业投资企业税收政策现状、问题及政策建议 [J]. 财政研究, 2012 (7): 37 - 40.

[155] 朱爱萍, 安国勇. 创业投资的管理增值功能——实物期权视角 [J]. 经济管理, 2004 (11): 79 - 83.

[156] 朱仁宏. 创业前沿理论探讨: 理论流派与发展趋势 [J]. 科学学研究, 2005 (10): 688 - 696.

[157] 朱秀梅, 李明芳. 创业网络特征对资源获取的动态影响——基于中国转型经济的证据 [J]. 管理世界, 2011 (6): 105 - 115, 188.

[158] Allan O'Connor, A conceptual framework for entrepreneurship education policy: Meeting government and economic purposes [J]. Journal of Business Venturing, 2013 (28): 546 - 563.

[159] Asa Hansson. Tax policy and entrepreneurship: empirical evidence from Sweden [J]. Small Business Economics, 2012 (38): 495 - 513.

[160] Bart Clarysse, Valentina Tartari, Ammon Salter. The impact of entrepreneurial capacity, experience and organizational support on academic entrepreneurship [J]. Research Policy, 2011 (40): 1084 - 1093.

[161] Bolton, P., Chen, H., Wang, N. A unified theory of Tobin'q, corporate investment, financing, and risk management [J]. Journal of Finance, 2011, 66: 1545 - 1578.

[162] Bradley D. Parrish. Sustainability – driven entrepreneurship: Principles of organization design [J]. Journal of Business Venturing, 2010 (25): 510 – 523.

[163] Chen, H., Miao, J., Wang, N. Entrepreneurial finance and non-diversifiable risk [J]. Review of Financial Studies, 2010 (23): 4348 – 4388.

[164] Concepción Román, Emilio Congregado, José María Millán. Start-up incentives: Entrepreneurship policy or active labour market programme? [J]. Journal of Business Venturing, 2013 (28): 151 – 175.

[165] Dan Cao. Lorenzoni, G., Walentin, K. Financial frictions, investment and Tobin's q [R]. Unpublished working paper, 2013.

[166] Daniel S. J. Lechmann. Claus Schnabel. Are the self-employed really jacks-of-all-trades? Testing the assumptions and implications of Lazear's theory of entrepreneurship with German data [J]. Small Business Economics, 2014 (42): 59 – 76.

[167] Dan Senor, Saul Singer. Start-up Nation – The Story of Israel's Economic Miracle [M]. Newyork: Hachette, 2014.

[168] David B, Audretsch, Albert N. Link. Entrepreneurship and innovation: public policy frameworks [J]. Journal of Technological Transfer, 2012 (37): 1 – 17.

[169] David B. Audretsch, Werner Bönte, Max Keilbach. Entrepreneurship capital and its impact on knowledge diffusion and economic performance [J]. Journal of Business Venturing, 2008, 23 (11): 687 – 698.

[170] David J. Ketchen, Jr., R. Duane Ireland, Charles C. Snow. Strategic Entrepreneurship, Collaborative Innovation and Wealth Creation [J]. Strategic Entrepreneurship Journal, 2007 (1): 371 – 385.

[171] DeMarzo, P. M., Fishman, M. J., He, Z., Wang, N. Dynamic agency and the q theory of investment [J]. Journal of Finance, forthcoming, 2010.

[172] DeMarzo, P. M. , Fishman, M. J. Optimal long-term financial contracting [J]. Review of Financial Studies, 2007 (20): 2079 – 2128.

[173] DeMarzo, P. M. , Sannikov, Y. Optimal security design and dynamic capital structure in a continuous-time agency model [J]. Journal of Finance, 2006, 61: 2681 – 2724.

[174] Dennis P. Leyden, Albert N. Link, Donald S. Siegel. A theoretical analysis of the role of social networks in entrepreneurship [J]. Research Policy, 2014 (43): 1157 – 1163.

[175] Donald F. Kuratko, David B. Audretsch. Strategic Entrepreneurship: Exploring Different Perspectives of an Emerging Concept [J]. Entrepreneurship Theory and Practice, 2009, 33 (1): 1 – 17.

[176] Donald, F. , Kuratko, Jeffrey, S. Hornsby. New venture management – The entrepreneur's roadmap [M]. France: Taylor & Francis Group, 2018.

[177] Duffie, D. , Epstein, L. G. Stochastic differential utility [J]. Econometrica, 1992, 60: 353 – 394.

[178] Duffie, D. , Fleming, W. , Soner, H. M. , Zariphopoulou, T. Hedgingin incomplete markets with HARA utility, 2007 [J]. Journal of Economic Dynamics and Control, 1997 (21): 753 – 782.

[179] Eberly, J. C. , Rebelo, S. , Vincent, N. Investmentandvalue: a neoclassical benchmark [R]. Unpublished Working Paper, 2009.

[180] Edward L. Glaeser, Stuart S. Rosenthal, William C. Strange. Urban economics and entrepreneurship [J]. Journal of Urban Economics, 2010 (67): 1 – 14.

[181] Edward L. Glaeser, William R. Kerr, Giacomo A. M. Ponzetto, Clusters of entrepreneurship [J]. Journal of Urban Economics, 2010 (67): 150 – 168.

[182] Edward L. Glaeser, William R. Kerr. Local industrial conditions and

entrepreneurship: How much of the spatial distribution can we explain? [J]. Journal of Economics & Management Strategy, 2009, 18 (3): 623 –663.

[183] Eisfeldt, A. L. , Rampini, A. A. Financing short falls and the value of aggregate liquidity [R]. Unpublished Working Paper, 2009.

[184] Epstein, L. G. , Zin, S. E. Substitution, risk aversion, and the temporal behavior of consumption and asset returns: A theoretical frame work [J]. Econometrica, 1989 (57): 937 –969.

[185] Evans, D. S. , Jovanovic, B. , 1989. An estimated model of entrepreneurial choice under.

[186] Evans, D. S. , Jovanovic, B. An estimated model of entrepreneurial choice under liquidity constraints [J]. Journal of Political Economy, 1989 (97): 808 –827.

[187] Farhi, E. , Panageas, S. , 2007b. Online appendix for saving and investing for early retirement: a theoretical analysis. Journal of Financial Economics 83, 87 – 121. http: //dx. doi. org/10. 1016/j. jfineco. 2005. 10. 004.

[188] Farhi, E. , Panageas, S. Saving and investing for early retirement: A theoretical analysis [J]. Journal of Financial Economics, 2007 (a), 83: 87 – 121.

[189] Frank M. Fossen, Personal bankruptcy law, wealth and entrepreneurship: Theory and evidence from the introduction of a 'Fresh Start' [J]. American Law and Economics Review, 2014, 16 (1): 269 –312.

[190] Friederike Welter. Contextualizing entrepreneurship—conceptual challenges and ways forward [J]. Entrepreneurship Theory and Practice, 2011, 35 (1): 165 –184.

[191] Gamba, A. , Triantis, A. The value of financial flexibility [J]. Journal of Finance, 2008, 63: 2263 – 2296.

[192] Garry D. Bruton, David Ahlstrom, Han – Lin Li. Institutional theory and entrepreneurship: Where are we now and where do we need to move in

the future? ［J］. Entrepreneurship Theory and Practice, 2010, 34 （3）: 421 – 440.

［193］ Gentry, W. M., Hubbard, R. G. Entrepreneurship and household saving ［J］. Advances in Economic Analysis and Policy, 2004 （4）: 1035 – 1053.

［194］ Gerard George, Adam J. Bock, The business model in practice and its implications for entrepreneurship research ［J］. Entrepreneurship Theory and Practice, 2011, 35 （1）: 83 – 111.

［195］ Gomes, J. F. Financing investment ［J］. American Economic Review, 2001 （91）: 1263 – 1285.

［196］ Haifeng Qian, Y., Zoltan J. Acs, Roger R. Stough. Regional systems of entrepreneurship: The nexus of human capital, knowledge and new firm formation ［J］. Journal of Economic Geography, 2013 （13）: 559 – 587.

［197］ Hall, R. E. Intertemporal substitution in consumption ［J］. Journal of Political Economy, 1988, 96: 339 – 357.

［198］ Hall, R. E. Measuring factor adjustment costs ［J］. Quarterly Journal of Economics, 2004, 119: 899 – 927.

［199］ Hall, R. E., Woodward, S. E. The burden of the nondiversifiable risk of entrepreneurship ［J］. American Economic Review, 2010, 100: 1163 – 1194.

［200］ Hamilton, B. H. Does entrepreneurship pay? An empirical analysis of the returns to self-employment ［J］. Journal of Political Economy, 2000, 108: 604 – 631.

［201］ Hayashi, F. Tobin's marginal q and average q: A neoclassical interpretation ［J］. Econometrica, 1982, 50: 213 – 224.

［202］ Heaton, J. C., Lucas, D. J. Capital structure, hurdle rates, and portfolio choice interactions in an entrepreneurial firm ［R］. Unpublished working paper, 2004.

［203］ Heaton, J. C., Lucas, D. J. Portfolio choice and asset prices:

The importance of entrepreneurial risk [J]. Journal of Finance, 2000 (55):
1163 – 1198.

[204] Hennessy, C. A. , Whited, T. M. Debt dynamics [J]. Journal of
Finance, 2005, 60: 1129 – 1165.

[205] Hennessy, C. A. , Whited, T. M. How costly is external finan-
cing? Evidence from a structural estimation [J]. Journal of Finance, 2007,
62: 1705 – 1745.

[206] Herranz, N. , Krasa, S. , Villamil, A. Entrepreneurs, legalin-
stitutions and firm dynamics [R]. Unpublished working paper, 2009.

[207] Hessel Oosterbeek, MirjamvanPraag, AukeIjsselstein. The impact
of entrepreneurship education on entrepreneurships kills and motivation [J].
European Economic Review, 2010 (54): 442 – 454.

[208] Holger Patzelt, Dean A. Shepherd. Strategic entrepreneurship at
universities: Academic entrepreneurs' assessment of policy programs [J]. En-
trepreneurship Theory and Practice, 2009, 33 (1): 319 – 340.

[209] Holtz – Eakin, D. , Joulfaian, D. , Rosen, H. S. Sticking it out:
Entrepreneurial survival and liquidity constraints [J]. Journal of Political Econo-
my, 1994, 102: 53 – 75.

[210] Hugonnier, J. , Morellec, E. Corporate control and real invest-
ment in incomplete markets [J]. Journal of Economic Dynamics and Control,
2007, 31: 1781 – 1800.

[211] Hurst, E. , Lusardi, A. Liquidity constraints, house hold wealth,
and entrepreneurship [J]. Journal of Political Economy, 2004, 112: 319 – 347.

[212] Israel Drori, Benson Honig, Mike Wright. Transnational entrepre-
neurship: An emergent field of study [J]. Entrepreneurship Theory and Prac-
tice, 2009, 33 (5): 1001 – 1022.

[213] Jafar Rezaei, Roland Ortt, Victor Scholten. Measuring entrepre-
neurship: Expert-based vs. data-based methodologies [J]. Expert Systems with

Applications, 2012 (39): 4063 - 4074.

[214] Jennifer L. Woolley, Renee M. Rottner. Innovation policy and nano-technology entrepreneurship [J]. Entrepreneurship Theory and Practice, 2008, 32 (5): 791 - 811.

[215] Jeremy C. Short, David J. Ketchen, Jr. , Christopher L. Shook, R. Duane Ireland. The Concept of "Opportunity" in entrepreneurship research: Past accomplishments and future challenges [J]. Journal of Management, 2010, 36 (1): 40 - 65.

[216] Jeremy C. Short, David J. Ketchen Jr. , James G. Combs, R. Duane Ireland. Research methods in entrepreneurship opportunities and challenges [J]. Organizational Research Methods, 2010, 13 (1): 6 - 15.

[217] Jing Yu Yang, Jiatao Li. The development of entrepreneurship in China [J]. Asia Pacific Journal of Manage, 2008 (25): 335 - 359.

[218] Johanna Mair, Ignasi Marti. Entrepreneurship in and around institutional voids: A case study from Bangladesh [J]. Journal of Business Venturing, 2009 (24): 419 - 435.

[219] Johan Wiklund, Dean A. Shepherd. Portfolio entrepreneurship: Habitual and novice founders, new entry, and Mode of Organizing [J]. Entrepreneurship Theory and Practice, 2008, 32 (4): 701 - 725.

[220] John Armour, Douglas Cumming. Bankruptcy law and entrepreneurship [J]. American Law and Economics Review, 2008, 10 (2): 303 - 350.

[221] Jonathan P. Doh, John A. Pearce. Corporate entrepreneurship and real options in transitional policy environments: theory development [J]. Journal of Management Studies, 2004 (41): 4.

[222] Justin van der Sluis, Mirjam van Praag, Wim Vijverberg. Education and entrepreneurship selection and performance: A review of the empirical literature [J]. Journal of Economic Surveys, 2008, 22 (5): 795 - 841.

[223] Justin W. Webb, Geoffrey M. Kistruck, R. Duane Ireland, David

J. Ketchen, Jr. The entrepreneurship process in base of the pyramid markets: The case of multinational enterprise/nongovernment organization alliances [J]. Entrepreneurship Theory and Practice, 2010, 34 (3): 555–581.

[224] Kai Hockerts, Rolf Wüstenhagen. Greening Goliaths versus emerging Davids – Theorizing about the role of incumbents and new entrants in sustainable entrepreneurship [J]. Journal of Business Venturing, 2010 (25): 481–492.

[225] Koo, H. K. Consumption and portfolio selection with labor income: A continuous time approach [J]. Mathematical Finance, 1998 (8): 49–65.

[226] Kristina Nyström. The institutions of economic freedom and entrepreneurship: Evidence from panel data [J]. Public Choice. 2008, 136: 269–282.

[227] Lan, Y. , Wang, N. , Yang, J. Investor protection, diversification, investment, and Tobin's q [R]. Unpublished Working Paper, 2012.

[228] La Porta, R. , López-de-Silanes, F. , Shleifer, A. Corporate ownership around the world [J]. Journal of Finance, 1999, 54: 471–517.

[229] Lawrence A. Plummer. Spatial Dependence in Entrepreneurship Research: Challenges and Methods [J]. Organizational Research Methods, 2010, 13 (1): 146–175.

[230] Leland, H. Corporate debt value, bond covenants, and optimal capital structure [J]. Journal of Finance, 1994, 49: 1213–1252.

[231] Liliana Doganova, Marie Eyquem – Renaultb. What do business models do? Innovation devices in technology entrepreneurship [J]. Research Policy, 2009 (38): 1559–1570.

[232] Lorenzoni, G. , Walentin, K. Financial frictions, investment, and Tobin's q [R]. Unpublished working paper, 2007.

[233] Lucas, R. E. , Prescott, E. C. Investment under uncertainty [J]. Econometrica, 1971, 39: 659–681.

[234] Lundstrom, Anders, Vikstrom, Peter, Fink, Matthias, Measuring

the costs and coverage of SME and entrepreneurship policy: A pioneering study [J]. Entrepreneurship Theory and Practice, 2004, 38 (4): 941 – 957.

[235] María – Jose' Pinillos, Luisa Reyes. Relationship between individualist-collectivist culture and entrepreneurial activity: Evidence from Global Entrepreneurship Monitor data [J]. Small Business Economics, 2011 (37): 23 – 37.

[236] Marcus Matthias Keupp, Oliver Gassmann. The past and the future of international entrepreneurship: A review and suggestions for developing the field [J]. Journal of Management, 2009, 35 (3): 600 – 633.

[237] Maria Minniti, Moren Lévesque. Recent developments in the economics of entrepreneurship [J]. Journal of Business Venturing, 2008, 23 (6): 603 – 612.

[238] Marian, V., Jones, Nicole Coviello, Yee Kwan Tang, International entrepreneurship research (1989 – 2009): A domain ontology and thematic analysis [J]. Journal of Business Venturing, 2011 (26): 632 – 659.

[239] Martine Hlady – Rispal and Estèle Jouison – Laffitte. Qualitative research methods and epistemological frameworks: A review of publication trends in entrepreneurship [J]. Journal of Small Business Management, 2014 52 (4): 594 – 614.

[240] Mercedes Delgado, Michael E. Porter, Scott Stern. Clusters and entrepreneurship [J]. Journal of Economic Geography, 2010 (10): 495 – 518.

[241] Merton, R. C. Optimum consumption and portfolio rules in a continuous-time model [J]. Journal of Economic Theory, 1971 (3): 373 – 413.

[242] Miao, J., Wang, N. Investment, consumption, and hedging under incomplete markets [J]. Journal of Financial Economics, 2007, 86: 608 – 642.

[243] Michael R. Mullen, Desislava G. Budeva, and Patricia M. Doney. Research methods in the leading small business-entrepreneurship journals: A critical review with recommendations for future research [J]. Journal of Small

Business Management, 2009, 47 (3): 287 - 307.

[244] Michelle A. Dean, Christopher L. Shook, G. Tyge Payne. The Past, Present, and Future of Entrepreneurship Research: Data Analytic Trends and Training [J]. Entrepreneurship Theory and Practice, 2007, 31 (4): 601 - 618.

[245] Morellec, E. Can managerial discretion explain observed leverage ratios? [J] Review of Financial Studies, 2004 (17): 257 - 294.

[246] Moskowitz, T. J., Vissing - Jorgensen, A. The returns to entrepreneurial investment: A private equity premium puzzle? [J] American Economic Review, 2002, 92: 745 - 778.

[247] Mueller, E. Returns to private equity—idiosyncratic risk does matter! [J]. Review of Finance, 2011, 15: 545 - 574.

[248] Nicolai J. Foss, Ibuki Ishikawa. Towards a Dynamic Resource - based View: Insights from Austrian Capital and Entrepreneurship Theory [J]. organizing studies, 2007, 28: 749 - 772.

[249] Norin Arshed, Sara Carter, Colin Mason. The ineffectiveness of entrepreneurship policy: Is policy formulation to blame? [J]. Small Business Economics, 2014 (43): 639 - 659.

[250] Panousi, V., Papanikolaou, D. Investment, idiosyncraticrisk, and ownership [R]. Unpublished working paper, 2011.

[251] Paul Gompers, Anna Kovner, Josh Lerner, David Scharfstein. Performance persistence in entrepreneurship [J]. Journal of Financial Economics, 2010 (96): 18 - 32.

[252] Pehr - Johan Norbäck, Lars Persson, Robin Douhan. Entrepreneurship policy and globalization [J]. Journal of Development Economics, 2014 (110): 22 - 38.

[253] Phillip H. Phan, Mike Wright, Deniz Ucbasaran, Wee - Liang Tan. Corporate entrepreneurship: Current research and future directions [J]. Journal of Business Venturing, 2009 (24): 197 - 205.

[254] Pontus Braunerhjelm, Zoltan J. Acs, David B. Audretsch, Bo Carlsson. The missing link: Knowledge diffusion and entrepreneurship in endogenous growth [J]. Small Business Economics, 2010 (34): 105 – 125.

[255] Pástor, L., Taylor, L. A., Veronesi, P. Entrepreneurial learning, the IPO decision, and the post – IPO drop in firm profitability [J]. Review of Financial Studies, 2009 (22): 3005 – 3046.

[256] Quadrini, V. Entrepreneurship in macroeconomics [J]. Annals of Finance, 2009 (5): 295 – 311.

[257] Rampini, A. A. Entrepreneurial activity, risk, and the business cycle [J]. Journal of Monetary Economics, 2004, 51: 555 – 573.

[258] Rampini, A. A., Viswanathan, S. Collateral and capital structure. Unpublished working paper [R]. Duke University, 2011.

[259] Rampini, A. A., Viswanathan, S. Collateral, risk management, and the distribution of debt capacity [J]. Journal of Finance, 2010 (65): 2293 – 2322.

[260] R. Duane Ireland, Jeffrey G. Covin, Donald F. Kuratko. Conceptualizing corporate entrepreneurship strategy [J]. Entrepreneurship Theory and Practice, 2009, 33 (1): 19 – 46.

[261] Richard, L., Smith, Janet Kiholm Smith. Entrepreneurship Finance [M]. 2th Edition, US California: Stanford University Press, 2011.

[262] Riddick, L. A., Whited, T. M. The corporate propensity to save [J]. Journal of Finance, 2009 (64): 1729 – 1766.

[263] Robert E. Hall, Susan E. Woodward. The burden of the nondiversifiable risk of entrepreneurship [J]. American Economic Review, 2010, 100 (1): 1163 – 1194.

[264] Rosa Grimaldi, Martin Kenney, Donald S. Siegel, Mike Wright. 30 years after Bayh – Dole: Reassessing academic entrepreneurship [J]. Research Policy, 2011 (40): 1045 – 1057.

[265] Ruta Aidis, Saul Estrin, Tomasz Mickiewicz. Institutions and entrepreneurship development in Russia: A comparative perspective [J]. Journal of Business Venturing, 2008, 23 (6): 656 - 672.

[266] Samyukta Bhupatiraju, Onder Nomaler, Giorgio Triulzi, Bart Verspagen. Knowledge flows - Analyzing the core literature of innovation, entrepreneurship and science and technology studies [J]. Research Policy, 2012 (41): 1205 - 1218.

[267] Scheer, August - Wilhelm. Business and information systems engineering links science with entrepreneurship [J]. Business & Information Systems Engineering, 2009, 1 (1): 75 - 80.

[268] Sergey Anokhin, Joakim Wincent, Erkko Autio. Operationalizing opportunities in entrepreneurship research: use of data envelopment analysis [J]. Small Business Economics, 2011 (37): 39 - 57.

[269] Shaker A. Zahra, Igor Filatotchev, Mike Wright. How do threshold firms sustain corporate entrepreneurship? The role of boards and absorptive capacity [J]. Journal of Business Venturing, 2009 (24): 248 - 260.

[270] Sheila M. Puffer, Daniel J. McCarthy, Max Boisot. Entrepreneurship in Russia and China: The impact of formal institutional voids [J]. Entrepreneurship Theory and Practice, 2010, 34 (3): 441 - 467.

[271] Shih - Chang Hunga, Richard Whittingtonb. Agency in national innovation systems: Institutional entrepreneurship and the professionalization of Taiwanese IT [J]. Research Policy, 2011 (40): 526 - 538.

[272] S. Trevis Certo, Tim R. Holcomb, R. Michael Holmes Jr. IPO research in management and entrepreneurship: Moving the agenda forward [J]. Journal of Management, 2009, 35 (6): 1340 - 1378.

[273] Susanna Slotte - Kock, Nicole Coviello. Entrepreneurship research on network processes: A review and ways forward [J]. Entrepreneurship Theory and Practice, 2010, 34 (1): 31 - 57.

[274] Thomas Astebroa, Navid Bazzazian, Serguey Braguinsky. Startups by recent university graduates and their faculty: Implications for university entrepreneurship policy [J]. Research Policy, 2012 (41): 663 – 677.

[275] Tobin, J. A general equilibrium approach to monetary theory [J]. Journal of Money, Credit and Banking, 1969 (1): 15 – 29.

[276] Vereshchagina, G., Hopenhayn, H. Risk taking by entrepreneurs [J]. American Economic Review, 2009 (99): 1808 – 1830.

[277] Viceira, L. M. Optimal portfolio choice for long-horizon investors with nontradable labor income [J]. Journal of Finance, 2001 (56): 433 – 470.

[278] Weil, P. Non-expected utility in macroeconomics [J]. Quarterly Journal of Economics, 1990 (105): 29 – 42.

[279] Wen – Hsien Tsai, Hsiao – Chiao Kuo. Entrepreneurship policy evaluation and decision analysis for SMEs [J]. Expert Systems with Applications, 2011 (38): 8343 – 8351.

[280] Wen – Hsien Tsai, Pei – Ling Lee, Yu – Shan Shen, Elliott T. Y. Hwang. A combined evaluation model for encouraging entrepreneurship policies [J]. Annals of Operations Research, 2014 (221): 449 – 468.

[281] Whited, T. Debt, liquidity constraints, and corporate investment: Evidence from panel data [J]. Journal of Finance, 1992 (47): 1425 – 1460.

[282] William R. Kerr, Ramana Nanda. Democratizing entry: Banking deregulations, financing constraints and entrepreneurship [J]. Journal of Financial Economics, 2009 (94): 124 – 149.

[283] Xiaming Liu, Wen Xiaob, Xianhai Huang. Bounded entrepreneurship and internationalization of indigenous Chinese private-owned firms [J]. International Business Review, 2008 (17): 488 – 508.

[284] Zame, W. R. Efficiency and the role of default when security markets are incomplete [J]. American Economic Review, 1993, 83: 1142 – 1164.

[285] Zeki Simsek, Michael H. Lubatkin, John F. Veiga, Richard

N. Dino. The role of an entrepreneurially alert information system in promoting corporate entrepreneurship [J]. Journal of Business Research, 2009 (62): 810 – 817.

[286] Zoltan J. Acs, Pontus Braunerhjelm, David B. Audretsch, Bo Carlsson. The knowledge spillover theory of entrepreneurship [J]. Small Business Economics, 2009 (32): 15 – 30.

[287] Zoltan J. Acs, Sameeksha Desai, Jolanda Hessels. Entrepreneurship, economic development and institutions [J]. Small Business Economics, 2008 (31): 219 – 234.

[288] Zoltan J. Acs, Sameeksha Desai, Leora F. Klapper. What does "entrepreneurship" data really show? [J]. Small Business Economics, 2008 (31): 265 – 281.

[289] Zoltán J. Ács, Erkko Autio, László Szerb. National systems of entrepreneurship: Measurement issues and policy implications [J]. Research Policy, 2014 (43): 476 – 494.